KYNOS RATGEBER

COLLIE

Stella Clark

KYNOS VERLAG

DANKSAGUNG

An Dave Eaker und Enid Binns von der Rough and Smooth Collie Training Association dafür, dass Sie mir die Vielseitigkeit des Collies eindrucksvoll vor Augen geführt haben; an Pauline Skyrme für die Unterstützung beim Fotografieren der Fellpflege-Sequenzen und an Marilyn für die zahllosen Tassen Kaffee.

ÜBER DIE AUTORIN

Stella Clark züchtet seit 1968 Lang- und Kurzhaarcollies und stellt sie auf internationalen Ausstellungen vor. Bis heute hat sie 15 britische und internationale Champions sowie einen Weltchampion gezüchtet.

Sie ist Richterin für fünf verschiedene Hütehundrassen auf Championatsschauen und wurde 1993 als Richterin zu Crufts eingeladen. Ihr Fachwissen und ihr Engagement in Sachen Hunde führten sie in den letzten Jahren um die ganze Welt, darunter auch in Richterlogen bei Welthundeausstellungen in Finnland und in Budapest.

Gestaltung: Sara Howell.

Am Remelsbach 30, D - 54570 Mürlenbach/Eifel
Telefon: 06594/653 Telefax: 06594/452
http://www.kynos-verlag.de

ISBN 3-933228-37-9

Gesamtherstellung: Ringpress Books Ltd.
Übersetzung: Gisela Rau

INHALTSVERZEICHNIS

1 Der Collie stellt sich vor

Vermutlich halten Sie dieses Buch gerade deshalb in Händen, weil Sie die Anschaffung eines Collies planen oder seit kurzem einen besitzen. Sie werden diese Entscheidung bestimmt nie bereuen, denn der Collie ist ein echter Familienhund.

Seit wir den ersten Collie im Jahr 1968 für unseren Sohn kauften, hatte unsere Familie nie wieder andere Hunde. Heute kann ich mir ein Leben ohne meine Collies im Haus überhaupt überhaupt nicht mehr vorstellen.

Der Collie ist ein wunderbarer Familienhund und kommt besonders gut mit Kindern zurecht.

DER LANGHAARCOLLIE

Der Langhaarcollie (in Deutschland einfach nur als »Collie« bekannt) ist zweifellos einer der schönsten Hunde der Welt. Mit seiner durch und durch eleganten, majestätischen Haltung hebt er sich von allen anderen Rassen ab. Er passt sich jeder Lebenssituation seiner Menschen an, egal ob in Stadt oder Land. Er fordert keine ständige Aufmerksamkeit von seinem Besitzer - bei zwei Spaziergängen oder freiem Auslauf täglich und einem bequemen Schlafplätzchen ist er mit seinem Dasein zufrieden.

Ein Collie begleitet Sie bei allem,

was Sie tun. Einer unserer Hunde kam begeistert zum Wasserski-Laufen mit, saß dann vorn im Motorboot und freute sich am Fahrtwind und den Wasserspritzern auf seinem Fell. Die meisten Collies lieben Fußball oder ähnliche familiensportliche Aktivitäten. Sie gehen gerne spazieren, machen sich aber auch nicht allzu viel daraus, wenn der tägliche Marsch einmal ausfällt - genauso gerne liegen sie friedlich dösend herum.

Der Collie ist in aller Regel von sanftem Wesen, gehorsam und fröhlich. Sein höchstes Ziel im Leben ist es, seinem Menschen zu gefallen, was ihn zu einem idealen Familienhund macht. Besonders im Umgang mit Kindern ist er in seinem Element! Sie mag er besonders und ist ihnen ein ergebener und treuer Gefährte. Er hält Wache, ohne aggressiv zu sein, lässt sich leicht erziehen und wird zu einem sauberen und angenehmen Hausbewohner. Die meisten Collies leben mit im Haus und nur äußerst selten kommt es vor, dass sie darin irgend etwas beschädigen.

KONTAKT ZUM MENSCHEN

Collies suchen immer Kontakt zum Menschen. Auch wenn sie sich mit einer Zwingerhaltung abfinden, sind sie doch viel lieber ganz in die menschliche Familie integriert. Wenn Sie ein so schönes Tier wie den Collie besitzen, werden Sie es aber vermutlich sowieso nicht übers Herz bringen, ihn in einem Zwinger zu verstecken, sondern möchten sich lieber an seinem

Der Kurzhaar-Collie (rechts) hat ebenfalls seine begeisterten Anhänger, wurde aber nie so populär wie der Langhaar-Collie.

Der heutige Collie hat immer noch einige der alten Hütehundinstinkte.

Anblick erfreuen. Ein Blick aus diesen schönen Augen reicht in der Regel aus, um einen Menschen in den Bann zu schlagen. Und weil der Collie ein so sauberer Hund ist, werden Sie ihn auch gerne ins Haus lassen.

Wahrscheinlich haben auch Sie die Lassie-Sendungen gesehen und so manch heimliches Tränchen vergossen. Als Metro Goldwyn Mayer das 1940 von Eric Knight geschriebene Buch *Lassie Come Home* verfilmte, wurde Lassie über Nacht zum Idol von Hundefreunden aus aller Welt. Alle sechs Lassie-Filme fesselten Collie-Liebhaber mit Szenen der Rettung von Menschen aus brennenden Häusern oder reißenden Flüssen.

Lassie war der Traum jedes Kindes. Der letzte Lassie-Film wurde (zur Enttäuschung aller Fans) im Jahr 1951 gedreht.

Dafür startete 1954 eine Lassie-Fernsehserie mit insgesamt 589 Folgen, die weltweit ausgestrahlt wurden und eine neue Popularitätswelle für den Collie auslösten.

DIE HÜTEHUNDE UNSERER VORFAHREN

So lange es Vieh- und Schafherden gibt, gibt es auch Hütehunde. Als die Römer Britannien eroberten, brachten sie als lebenden Proviant für ihre Armeen Vieh und Schafe mit, die von ebenfalls mitgebrachten Hütehunden bewacht wurden. Aller Wahrscheinlichkeit nach ist der Collie ein direkter Nachkomme dieser frühen Hütehunde.

Fest steht, dass der Collie eine der ältesten britischen Hunderassen ist, die sich über viele Jahrhunderte hinweg zurückverfolgen lässt. In alten Schriften über Schäfer- und Hütehunde finden wir das Wort »Collie« als Bezeichnung für diesen Hundetyp oft in verschiedener Schreibweise wieder. Das Wort

Der Collie und der Shetland Sheepdog (vorn) sehen sich im Typ sehr ähnlich.

»Coll« oder »Colley« bezeichnete ursprünglich einen schwarzen Hund. In angelsächsischer Zeit war das Wort für schwarz »col«, und vermutlich wurden die Schäferhunde nach den damals verbreiteten schwarzköpfigen Schafen benannt. Da diese Hunde bis mindestens 1871 noch schwarz oder schwarz und lohfarben waren, kann man trotz Mangels an eindeutigen Beweisen davon ausgehen, dass der heutige Collie ihr direkter Nachfahre ist.

DIE ENTWICKLUNG DER RASSE

Zur Erforschung der historischen Entwicklung des Collies müssen wir uns in den Norden Englands begeben, wo der Schäfer einen Hund brauchte, der ihm auch unter den widrigsten Wetterbedingungen eine Hilfe sein konnte. Diese Hunde waren etwas kleiner und stämmiger gebaut als der heutige Collie, erfreuten sich aber schnell einer sehr großen Beliebtheit, da sie leicht auszubilden waren und sich als außerordentlich treu zu ihrem Herrn erwiesen. Sie waren so intelligent und darauf bedacht, ihrem Herrn zu gefallen, dass die Farmer der Gebirgsregionen diese Hunde schnell als wertvolle Arbeitshunde akzeptierten und so mancher gute Hüte-Collie für beträchtliche Geldsummen den Besitzer wechselte.

Die Zucht des Collies war zu Beginn des 19. Jahrhunderts so manchem Wandel unterworfen und führte durch Zuchtauswahl dazu, dass der bis dahin

Border-Collie-ähnliche Schädel verfeinert wurde, einen flacheren Oberkopf und längeren Fang erhielt.

Als die Königin Viktoria von Langhaar-Collies, die sie auf ihren Ländereien bei der Arbeit gesehen hatte, so beeindruckt war, dass sie einige davon in ihre Zwinger bringen ließ, sprach sich dies schnell herum. Vor allem die Amerikaner waren der neuen Rasse mit dem spektakulären Aussehen schnell erlegen, sodass der Langhaar-Collie Amerika im Sturm eroberte. Die Züchter zeigten sich von diesem langhaarigen, intelligenten Hund überwältigt, sodass sich der Collie schnell einer großen Nachfrage erfreute. Die Popularität der neu geschaffenen Rasse war so enorm, dass viele Hunde zu Preisen in die USA verkauft wurden, die deutlich über den heute üblichen lagen.

In diesen frühen Tagen ging eine beträchtliche Anzahl von Collies aus England in große amerikanische Zuchtzwinger, wo schnell eine der bis heute beliebtesten amerikanischen Rassen daraus wurde.

Von den bescheidenen Anfängen als Hund der Farmer ist der Collie heute zu einem gefragten Familienhund geworden. Die Tatsache, dass die Königin Viktoria einen Collie zu ihrem ständigen Begleiter auserkoren hatte, machte die Rasse zu einer der beliebtesten dieser Zeit.

DER COLLIE HEUTE

Der erste Rassestandard für den Collie stammt aus dem 19. Jahrhundert. Damals wurden Hunde nach einem Punktesystem bewertet - für jeden Körperteil des Hundes wurde eine bestimmte Punktzahl vergeben, wobei Kopf und Ausdruck am stärksten gewichtet wurden. Später änderte man dieses System ab und beurteilte den Collie nach der Ausgewogenheit seines gesamten Körperbaus, obwohl Kopf und Ausdruck immer noch große Bedeutung beigemessen wurde. Auch heute noch ist dies ein wichtiger Aspekt in der Colliezucht.

Alle Rassehunde werden beim nationalen Hundezuchtverband registriert und jeder Züchter verpflichtet sich, sich den jeweiligen Regeln für Zucht und Ausstellung dieser Rasse zu unterwerfen. Für jede Hunderasse existiert ein eigener Rassestandard, der das Zuchtideal beschreibt und nicht nur für Züchter und Richter, sondern auch den Neuling, der einen Colliewelpen erwerben möchte, ein guter Anhaltspunkt ist.

Wenn Sie zum ersten Mal mit Collies zu tun haben, hilft Ihnen der Standard dabei, sich ein gedankliches Idealbild zu entwerfen, bevor Sie sich auf die Suche nach einem Welpen begeben. Das allerwichtigste Auswahlkriterium ist immer das Temperament, bei Hunden als *Wesen* bezeichnet. Der Collie ist bekannt dafür, absolut verlässlich und vertrauenswürdig mit

Sein sanftes Wesen und sein gutes Aussehen machen den Collie zum idealen Familienhund.

Kindern umzugehen. Dennoch sollte niemals ein Hund, egal welcher Rasse, mit einem Kleinkind alleine gelassen werden.

SPÜR- UND RETTUNGSHUNDE

Collies lassen sich hervorragend zu Spür- und Rettungshunden ausbilden, auch als Fährtenhunde werden sie eingesetzt. In manchen Ländern müssen sie einen Eignungstest bestehen, bevor sie in die Ausbildung genommen werden. Der Hund muss furchtlos und mutig sein und darf bei lauten Geräuschen oder Schüssen keinerlei Anzeichen von Aggression zeigen.

Dieser Test wird oft in dichten Waldgebieten durchgeführt, wo der Collie mit seinem Führer einen Pfad entlanggeht und dabei lauten Gewehrschüssen und aufgeregten Rufen ausgesetzt wird. Der Hund darf zwar bellen, aber keinesfalls versuchen zu fliehen oder zu starke Aggressionen zeigen.

Ziel des Testverfahrens ist es, diejenigen Hunde herauszufinden, die zur Ausbildung bei Polizei, Armee oder Rettungsdiensten in Frage kommen. Diese Arbeit ist sowohl für den Züchter als auch für den Ausbilder sehr lohnend und befriedigend.

DER COLLIE ALS THERAPIEHUND

Ihr Collie kann auch eine höchst dankenswerte und wichtige Aufgabe erfüllen, indem er als Therapiehund arbeitet. Hund und Besitzer besuchen dabei gemeinsam Altersheime, Krankenhäuser, Behinderteneinrichtungen oder Waisenhäuser.

Die Nähe zum Tier und die Möglichkeit, einen Hund streicheln zu können, bringt bei zahlreichen Erkrankungen an Körper und Geist deutliche Linderung. Es ist nachgewiesen, dass das Streicheln eines Tieres Stress abbaut und zu innerer Ausgeglichenheit verhilft. Auch für ältere Menschen, die ihren eigenen geliebten Hund abgeben mussten, haben die Besuche von Therapiehunden oft große Bedeutung.

Um als Therapiehund eingesetzt werden zu können, muss Ihr Collie eine solide Grunderziehung haben, sicher leinenführig sein und sich gerne von vielen und fremden Menschen anfassen lassen, auch wenn diese versehentlich etwas unsanft zupacken sollten.

Der Collie hat einen guten Ruf als Therapiehund. Dies hier ist Bella, die mit ihrem Besitzer Pflegeheime besucht.

2 Auswahl eines Collies

Bevor Sie erste Schritte zum Kauf eines Collies unternehmen, wägen Sie gründlich ab, ob dieser Hund auch zu Ihrem Lebensstil passt. Bedenken Sie, dass ein Collierüde mindestens 60 cm groß wird und ein sehr üppiges Fell mit langer Befederung an den Vorderläufen und dickem Pelz zwischen den Pfotenballen hat.

Wenn alles gutgeht und ihr Collie keine besonderen Gesundheitsprobleme hat, wird er mindestens für die nächsten zehn oder zwölf Jahre von Ihnen abhängig sein. Die meisten werden sogar noch älter - einer meiner Collies wurde über 16 Jahre alt.

DIE RICHTIGE UMGEBUNG

Ist Ihr Haus groß genug, um einen Collie zu beherbergen? Haben Sie einen Garten? Vorausgesetzt, Sie sind berufstätig (wie die meisten Menschen heutzutage) - haben Sie die Zeit, Ihren Collie morgens vor Verlassen des Hauses noch auszuführen? Können Sie ihm ein zugfreies Plätzchen anbieten, auf das er sich zurückziehen kann, wenn Sie außer Haus sind? All diese Dinge müssen bedacht werden, bevor Sie sich auf die Suche nach Ihrem Traumhund begeben.

SO FINDEN SIE IHREN TRAUMHUND

Falls also die Haltungsvoraussetzungen stimmen, besteht der nächste Schritt darin, herauszufinden, welche Eigenschaften eines Hundes Ihnen wichtig sind. Dazu können Sie beispielsweise Hundeausstellungen besuchen und die Züchter heraussuchen, deren Hunde Ihnen besonders zusagen.

Natürlich können Sie Ihren Collie auch über eine Zeitungsannonce kaufen, wobei aber Glück und Zufall eine große Rolle spielen. Besser ist es, den nationalen Hundezuchtverband anzuschreiben, der Ihnen eine Liste anerkannter Züchter oder von Welpenvermittlungsstellen zukommen lassen kann. Natürlich können Sie auch im Internet surfen und werden unter dem Suchwort »Collie« sicher zahlreiche Adressen und Hinweise finden.

Stellen Sie sich darauf ein, vom Züchter ausgefragt zu werden, denn die meisten möchten schon wissen, in welche Hände der Welpe gelangt, den sie so liebevoll aufgezogen haben.

Die Suche nach dem richtigen Welpen kann einige Zeit in Anspruch nehmen.

In der Regel sind die Züchter auch gerne dazu bereit, dem neuen Besitzer auch nach dem Kauf noch mit Rat und Tat zur Seite zu stehen und bei Problemen, die besonders in den ersten Wochen auftreten könnten, zu helfen.

Kaufen Sie nie den ersten Welpen, den Sie sehen, es sei denn, Sie sind felsenfest davon überzeugt, dass genau dieser der absolut richtige für Sie ist. Schauen Sie sich lieber ausgiebig um und vergleichen Sie, bevor Sie kaufen. Bestehen Sie immer darauf, auch die Mutter des Wurfes und zumindest eine Fotografie des Vaters zu sehen.

Fragen Sie den Züchter nach einem Futterplan, den er im Normalfall für Sie bereithalten sollte. Überprüfen Sie, ob und wann die Welpen entwurmt wurden. Auch die Frage, ob die Augen der Tiere von einem Tierarzt untersucht wurden, schadet sicher nicht; denn Augenprobleme können hin und wieder bei manchen Collierassen auftreten. Züchter von gutem Ruf sind stolz auf ihre Hunde und nur zu gern bereit, Ihre Fragen zu beantworten.

Wenn Sie den Züchter gefunden haben, von dem Sie einen Collie kaufen möchten, seien Sie nicht zu ungeduldig. Gute Welpen wachsen nicht auf Bäumen. Die Würfe werden sorgfältig und lange im Voraus geplant, aber mitunter kann es vorkommen, dass die Hündin nicht zum errechneten Zeitpunkt in die Hitze kommt und der Decktermin verschoben werden muss. Nutzen Sie die Wartezeit zum Besuch von Hundeausstellungen oder Hundesportveranstaltungen wie beispielsweise Agility-Wettkämpfen, um die Vorfreude auf den eigenen Collie zu genießen. Freunden Sie sich mit anderen Collie-Besitzern an, die dann ebenso gespannt auf Ihren neuen Hund sein werden wie sie selbst.

EIN KÜNFTIGER AUSSTELLUNGSSIEGER?

Selbst die erfahrensten Züchter können sich manchmal irren. Durchaus kann sich herausstellen, dass der als große Ausstellungs-Hoffnung verkaufte Welpe später im Vorführring keinen Erfolg haben wird. Gute Züchter werden aber immer versuchen, Ihnen eine realistische Einschätzung des späteren Ausstellungserfolges zu geben - schließlich haben sie einen guten Ruf zu wahren. Bedenken Sie aber, dass auch sie Ihnen nicht mehr sagen können, als dass der Welpe zum Zeitpunkt des Kaufes viel versprechend aussah - Garantien gibt es keine.

RÜDE ODER HÜNDIN?

Überlegen Sie, welches Geschlecht Sie bevorzugen, bevor Sie Ihren Welpen beim Züchter vormerken lassen. Bedenken Sie, dass ein Rüde etwa 5-6 cm größer ist als eine Hündin, außerdem hat er auch ein üppigeres Haarkleid und eine stärkere »Löwenmähne« als die Hündin. Wenn Sie die mit der Hitze einer Hündin verbundenen Probleme scheuen, sind Sie mit einem Rüden besser beraten. Es gehört ins Reich der Fabel, dass Hündinnen sanfter und

Ein erfahrener Züchter hilft Ihnen, einen Welpen mit Potenzial für eine Ausstellungskarriere auszusuchen.

Welche Farbe bevorzugen Sie? Links eine weiß-zobelfarbene Hündin, rechts ein Tri-colour Rüde.

anhänglicher seien als Rüden. Ich habe persönlich immer wieder festgestellt, dass die Rüden genauso anhänglich und treu ergeben waren.

Wenn Sie ausstellen möchten, ist ein Rüde mit seinem prachtvollen Haarkleid natürlich ein imposanter Anblick. Ein Rüde wechselt sein Fell auch nicht so oft wie eine Hündin, die nach jeder Hitze haart, egal, ob sie trächtig geworden ist oder nicht. Auch hat ein Rüde sein neues Haarkleid schneller wieder aufgebaut als eine Hündin. Wenn die Hündin einen Wurf Welpen hatte, können Sie sie für mindestens die nächsten fünf Monate nicht mehr im Ausstellungsring vorstellen. Wie Hündinnen aller anderen Rassen auch kommen Colliedamen alle sechs Monate in die Hitze. Können Sie sie während dieser Zeit sicher unterbringen und ist Ihr Grundstück so umzäunt, dass streunende Rüden, die eine läufige Hündin über viele Kilometer hinweg wittern, nicht hineinkönnen?

Collies sind von Natur aus nicht rauflustig veranlagt und vertragen sich in der Regel gut mit Hunden aller anderen Rassen. Auch können zwei oder mehr Rüden gemeinsam gehalten werden, ohne dass es zu Problemen kommt. Besprechen Sie alle Aspekte der Hundehaltung eingehend mit Ihrer Familie, bevor Sie sich in das große Abenteuer stürzen.

WELCHE FARBE?

Langhaarcollies kommen in drei wunderschönen Farben vor. Weißzobelfarben bezeichnet jede Schattierung von Zobelfarben von einem leuchtenden Gold bis hin zu einem satten Mahagoni. Ein helles Strohgelb ist nicht erwünscht. Ein Tri-colour (dreifarbig) ist schwarz mit lohfarbenen Abzeichen an Kopf und Läufen, einer weißen Halskrause und oftmals weißen Vorderläufen.

Eine besonders schöne Farbe ist Blue merle - ein marmoriertes, beinahe taubenblaues Silbergrau mit lohfarbenen Abzeichen an Kopf und Läufen, einer weißen Halskrause und weißen Läufen. Welpen dieser Farbe zu züchten, ist recht schwierig, weshalb sie in der Regel etwas teurer sind als ihre anders gefärbten Artgenossen.

Alle drei Farben sind wunderschön und die Entscheidung lediglich eine Frage des persönlichen Geschmacks. Wenn Sie einen Welpen mit dem Ziel einer Ausstellungskarriere vor Augen erwerben, ist die Frage der Fellfarbe nicht so wichtig wie die der allgemeinen Übereinstimmung mit dem Rassestandard.

BESICHTIGUNG DES WURFES

Unbedingt wichtig ist, dass Sie die Mutter des Wurfes zusammen mit den Welpen sehen. Nur so können Sie sich einen Eindruck vom Wesen der Hündin und ihrer Welpen verschaffen. Falls Sie irgendwelche Verhaltensauffälligkeiten oder Anzeichen von Scheu feststellen, sehen Sie lieber von einem Kauf bei diesem Züchter ab. Zwar kommt es nur sehr selten vor, dass ein Collie ein wirklich schwaches Wesen zeigt, aber Sie sollten alle Reak-

Der Züchter zeigt Ihnen die Welpen gemeinsam mit der Mutter des Wurfes.

Beobachten Sie die Welpen, um sich einen Eindruck von den verschiedenen Charakteren zu verschaffen.

tionen der Mutter aufmerksam beobachten, denn sie gibt viele ihrer Angewohnheiten an die Nachkommen weiter. Nehmen Sie sich auch die Zeit, die Welpen beim Spielen zu beobachten. Kommen die Welpen zu Ihnen? Wählen Sie niemals einen Welpen aus, der fortläuft und sich vor Ihnen versteckt und niemals einen, der furchtsam zuschnappt!

Vergewissern Sie sich, dass der gesamte Wurf einen gesunden Eindruck macht und das Haarkleid der Welpen glatt und glänzend aussieht. Überprüfen Sie, ob die Ohren sauber sind und ob der Bauch in der Magengegend weich und nachgiebig ist. Ein aufgeblähter, fester Bauch ist zusammen mit struppigem, glanzlosem Haar meist ein sicheres Anzeichen für eine Verwurmung der Welpen.

ABHOLUNG DES WELPEN

Der große Tag ist gekommen - Sie holen Ihren Welpen ab. Tragen Sie zweckmäßige Kleidung, denn bestimmt müssen Sie sich auch einmal auf die Knie herablassen und die Welpen werden spielerisch an Ihren Hosenbeinen oder Strümpfen zerren.

Wenn Sie von einem verantwortungsvollen Züchter kaufen, ist Ihr Welpe schon an Haushaltsgeräusche wie Fernseher und Radio oder Waschmaschine gewöhnt.

Wenn die Welpen im Zwinger großgeworden sind, muss das nicht unbedingt ein Nachteil sein, vorausgesetzt, die Züchter haben für regelmäßigen und engen Kontakt zu den Welpen gesorgt und sich mehrmals am Tag mit ihnen beschäftigt.

Schauen Sie nach, ob die Umgebung, in der die Welpen aufgewachsen sind, tadellos sauber ist und bestehen Sie darauf, sehen zu dürfen, wo sie gehalten wurden. Kein seriöser Züchter wird etwas dagegen einzuwenden haben, schließlich hat er nichts zu verbergen!

DER PAPIERKRIEG

Bestehen Sie darauf, gleich vor Ort alle Papiere des Welpen, das heißt die Ahnentafel und den Eintragungsnachweis beim Zuchtverband, zu erhalten. Manche Züchter haben bereits eine Haftpflichtversicherung für die Welpen abgeschlossen, die Sie übernehmen können, wenn Sie möchten. Falls noch keine Versicherung besteht, sollten Sie sich möglichst schnell um eine kümmern. Es liegt in Ihrem Ermessen, ob Sie neben der Haftpflichtversicherung auch eine Hunde-Krankenversicherung abschließen möchten. Kaufen Sie Ihren Welpen nur vom Züchter direkt, denn nur dieser ist berechtigt, die Welpen beim Zuchtverband eintragen zu lassen. Falls der Welpe schon Schutzimpfungen erhalten hat, bekommen Sie außerdem noch seinen Impfpass sowie eventuell einen Merkzettel für die Fütterung in den nächsten Wochen. Manche Züchter geben Welpenkäufern auch ein Muster der Futtermarke mit, die bisher verwendet wurde. Falls Sie das Futter umstellen möchten, tun Sie dies nur allmählich und beachten Sie die Fütterungshinweise auf der Packung, da Ihr Welpe sonst unter Verdauungsstörungen zu leiden haben könnte.

EIN COLLIE AUS DEM TIERHEIM

Vielbeschäftigte Menschen haben oft nicht die notwendige Zeit, um einen Welpen großzuziehen und zu erziehen. In diesen Fällen kann ein Collie aus dem Tierheim eine gute Alternative sein. Immer wieder kommt es vor, dass Hunde ohne eigenes Verschulden in Not geraten. Die Übernahme eines solchen Hundes kann eine sehr dankbare Aufgabe sein, denn ein Collie, der seinen Herrn verloren hat, kann sich seiner neuen Familie gegenüber sehr dankbar und anhänglich zeigen - und blüht sichtlich auf, wenn er seine verlorengegangene Würde und Lebenslust wieder erlangt!

Sie müssen sich unbedingt selbst davon überzeugen können, wo die Welpen gehalten wurden und ob diese Umgebung sauber war.

3 Ein Welpe kommt ins Haus

Sie haben bereits alle notwendigen Vorkehrungen für die Ankunft Ihres neuen Familienmitgliedes getroffen. Sind auch keine Löcher im Gartenzaun und hat Ihr Hoftor einen sicheren Verschluss? Bringen Sie ein Schild mit dem Hinweis »Bitte Türe schließen!« daran an.

DER SCHLAFPLATZ

Die nächste wichtige Frage ist, wo der Welpe künftig schlafen soll. Wählen Sie einen Schlafplatz aus, der auch in Zukunft für Ihren Hund bestimmt sein wird. Wenn Sie den Welpen zuerst in Ihrem Zimmer schlafen lassen, haben Sie es später schwerer, ihn an einen Außenzwinger oder Auslauf zu gewöhnen. Legen Sie also von Anfang an eine Hausordnung fest und halten sich auch daran.

Lassen Sie den Welpen nicht auf Ihrem besten Sofa oder den Polstersesseln liegen. Das mag ja nett sein, solange der Hund noch klein ist, aber wie wollen Sie später dem erwachsenen Hund begreiflich machen, dass er dieses Privileg nun nicht mehr genießt? Ein erwachsener Collie mit seinem prächtigen Haarkleid wird Ihre Sitzmöbel so mit Haaren schmücken, dass Sie künftig nie wieder schwarze oder dunkelblaue Kleidung tragen können!

WENN DER WELPE VERUNSICHERT IST

Haben Sie Verständnis dafür, dass der Welpe sich bei Ihnen in der neuen Umgebung zunächst sehr verunsichert fühlt und vermutlich nicht weiß, was man von ihm erwartet. Alles ihm Vertraute wurde ihm von einem Tag auf den anderen genommen - seine Wurfgeschwister, seine Mutter und die gewohnten Gerüche.

Aus diesem Grunde sollten Sie auch niemals einen Welpen als Weihnachtsgeschenk kaufen. Es wäre dem Hundchen gegenüber, das im Festtagstrubel hin- und hergeschubst wird, mehr als unfair. Sein gesamter Tagesablauf mit den Fütterungszeiten und der Erziehung zur Stubenreinheit könnte nicht mehr eingehalten werden. Falls der von Ihnen ausgesuchte Welpe zur Weihnachtszeit abholbereit ist, bitten Sie den Züchter, ihn noch bis nach den Feiertagen bei sich zu behalten.

Gewöhnen Sie den Welpen behutsam und mit Ruhe an andere tierische Hausbewohner.

Wenn in Ihrem Haus noch andere Hunde oder Katzen leben, müssen Sie den Neuankömmling behutsam mit ihnen bekannt machen. Lassen Sie ihn nicht mit anderen Tieren alleine, sondern sorgen Sie dafür, dass jemand in der Nähe ist, um notfalls eingreifen zu können.

EIN PLÄTZCHEN FÜR DEN WELPEN

Wenn Ihr Collie künftig im Haus leben soll, reservieren Sie ein zugluftfreies Eckchen für ihn, in dem ein ausreichend großer Kunststoff-Hundekorb oder ein Hundekäfig aufgestellt wird. Ich persönlich finde Metall-Hundekäfige äußerst praktisch! Wenn sie mit einer kuscheligen Decke oder einem speziellen Vetbed ausgestattet sind, kann sich der Welpe darin seelenruhig zum Schlafen zusammenrollen, ohne von irgendjemand gestört zu werden. Schließen Sie ab und zu die Käfigtür, damit sich der Welpe beizeiten daran gewöhnt, auch einmal alleine zu bleiben. Vor allem, wenn Sie aus dem Haus gehen, können Sie den Welpen dann beruhigt in der Gewissheit zurücklassen, dass er keinen Unfug anstellen oder selbst zu Schaden kommen kann.

Kaufen Sie keinen Weidenkorb! Sie sehen zwar im Neuzustand schön aus, sind aber schlecht sauberzuhalten und werden in der Zeit des Zahnwechsels gerne angenagt. Am besten ist es, wenn Sie den Käfig innerhalb eines Welpenauslaufes aufstellen können (zusammensteckbare Gitterelemente sind im Zoofachhandel erhältlich). Sie können den Auslauf dann mit Zeitungspapier auslegen und die Käfigtüre nachts offen lassen, sodass der Welpe, wenn er muss, die Zeitung benutzen kann. Die meisten Züchter verfahren so und Ihr Welpe ist vermutlich schon daran gewöhnt. In der Regel sind Collies sehr reinliche Hunde und hassen es, ihren eigenen Schlafplatz zu beschmutzen. Bauen Sie Auslauf und Käfig möglichst dort auf, wo sie nicht im Wege stehen und den normalen Tagesablauf behindern.

DIE ERSTE NACHT

Für die meisten Welpen ist die Ankunft in einem neuen Zuhause zunächst ein traumatisches Erlebnis. Immerhin hat der kleine Hund gerade seine Geschwister verlassen, und die erste Nacht, die er getrennt von seiner bisherigen Familie und seinem vertrauten Zuhause verbringt, wirkt auf ihn ziemlich bedrohlich. Vermutlich beginnt er zu winseln und jaulen, sobald er alleine gelassen wird. Jetzt ist der Zeitpunkt, an dem Sie Ihr künftiges Verhalten in dieser Situation festlegen müssen. Wenn Sie beim kleinsten Muckser des Welpen zu ihm hingehen, wird er das künftig immer von Ihnen erwarten. Lassen Sie sich nicht erweichen und geben dem Welpen nur dann Zuwendung, wenn er ruhig war.

Vergewissern Sie sich, dass er es warm und gemütlich hat und sich mit einem weichen Spielzeug wie beispielsweise einem alten Teddybär zusammenkuscheln kann. Dann können Sie sich ausruhen und sicher sein, dass der Welpe sich beruhigt, sobald er realisiert, dass nicht auf jedes Winseln von ihm jemand herbeikommt. Achten Sie darauf, dass das Plüschtier für den Welpen keine Augen hat, die abgebissen und verschluckt werden können. Aus quietschenden Gummitieren sollten Sie den Quietscheinsatz entfernen, da er nur zu leicht verschluckt werden kann.

Ein tickender Wecker in der Nähe des Schlafplatzes oder eine in Tücher eingewickelte Wärmflasche aus Keramik oder Edelstahl (kein Plastik!) können beruhigend auf den Welpen wirken.

Der Hundekäfig ist ein sicherer und bequemer Platz für Ihren Welpen.

Wenn Sie mit dem Welpen regelmäßig ins Freie gehen, geht die Erziehung zur Stubenreinheit schnell und unkompliziert vonstatten.

ERZIEHUNG ZUR STUBENREINHEIT

Genau wie kleine Kinder müssen auch Welpen häufiger als Erwachsene. Beginnen Sie so früh wie möglich mit der Erziehung zur Stubenreinheit und verwenden dabei immer die gleichen Worte - sei es »Pipi« oder etwas anderes. Es mag zwar etwas lächerlich klingen, aber die meisten Hunde lernen sehr schnell, sich auf Kommando zu lösen. Wenn Sie Ihren Welpen jedesmal überschwänglich loben, sobald er dieses Kommando befolgt, wird er im Handumdrehen stubenrein sein.

Welpen müssen auf jeden Fall immer dann, wenn sie gerade aufgewacht sind und nach jeder Mahlzeit. Nutzen Sie diese Gelegenheiten, um Ihren Welpen ins Freie zu bringen und ihn in freundlichem Tonfall zu ermutigen. Sie werden überrascht sein, wie schnell ein Collie lernt! Je früher Sie mit dieser Erziehung beginnen, umso besser - ein erwachsener Hund mit gutem Benehmen ist die Belohnung der Mühe.

TAGESABLAUF UND FÜTTERUNG

Es ist nicht schwer, einen regelmäßigen Tagesablauf einzuhalten. Ich schlage folgende Vorgehensweise vor:

Bringen Sie den Welpen gleich nach dem Aufstehen ins Freie, auch, wenn er sich schon auf der ausgelegten Zeitung gelöst haben sollte. Der nachstehende Futterplan bezieht sich auf 8-12wöchige Welpen - aber denken Sie immer daran, in den ersten Tagen unbedingt die Fütterungsanweisungen des Züchters zu befolgen und den Speisezettel nur ganz allmählich zu ändern.

Zum Frühstück gibt es etwa 1/4 l Milch, vermischt mit leicht verdaulichen Getreideflocken oder Haferbrei.

Gehen Sie dann abermals mit dem Welpen ins Freie und bleiben Sie bei ihm, bis er sein Geschäft verrichtet hat. Bei dieser Gelegenheit können Sie auch die Konsistenz des Kotes überprüfen - ist er fest und feucht, leicht aufzunehmen, oder zu dünn?

Lassen Sie ihn anschließend noch ein Viertelstündchen draußen spielen und bringen ihn dann an seinen Schlafplatz zurück. Junge Hunde schlafen sehr viel, und es ist wichtig, ihnen diese Ruhe zu gönnen, damit sich das Wachstum optimal entwickelt.

Mittags gibt es etwa 100-150 g rohes Rinderhackfleisch (niemals rohes Schweinefleisch!), vermischt mit der gleichen Menge eingeweichtem Hundekuchen oder speziellem Flocken-Mischfutter für Welpen. Natürlich können Sie auch eines der am Markt erhältlichen Fertig-Trockenfutter für Welpen nehmen, aber lesen Sie immer aufmerksam die Fütterungshinweise hinsichtlich Alter und Rasse des Hundes auf der Packung.

Danach geht es wieder nach draußen zur »Toilette« und zum Spielen, anschließend zurück an den Schlafplatz. Nutzen Sie die Spielstunden schon jetzt, um die ersten Erziehungsübungen darin einzubauen. Rufen Sie Ihren Hund beim Namen und belohnen Sie ihn mit einem Leckerbissen, wenn er

Für Welpen ist ein regelmäßiger Tagesablauf besonders wichtig.

Zu Beginn sollten Sie die vom Züchter empfohlene Nahrung füttern.

kommt. Sagen Sie ihm mit freudiger Stimme, was für ein Prachtkerl er ist! Nachmittags gibt es die gleiche Mahlzeit wie mittags, Sie können aber zur Abwechslung auch einmal Rührei, Reis, gekochten Fisch oder Hühnchen geben. Bitte geben Sie aber darauf Acht, dass keine Knochen oder Gräten mehr darin sind! Auch nach dieser Mahlzeit geht es wieder, wie gehabt, ins Freie. Abends gibt es nochmals Milch mit Getreideflocken; vor dem Zubettgehen gehen Sie noch einmal nach draußen. Wenn Sie dann noch Zeitung für die Nacht auslegen, wird Ihr Junghund im Handumdrehen stubenrein.

In dem Maße, wie der Welpe wächst, müssen Sie auch die Futtermengen steigern. Falls Sie selbst zusammengestellte Nahrung verfüttern, muss täglich ein Vitamin- und Mineralstoffzusatz wie beispielsweise mit Vitamin D angereichertes Kalzium gegeben werden. Wenn Sie ein Komplett-Fertigfutter geben, müssen und sollen keine Zusatzstoffe mehr gefüttert werden.

Überprüfen Sie den Zustand Ihres Junghundes täglich: ist er sauber, ist sein Fell glatt und glänzend, fühlt sich sein Körper gut mit Fleisch gepolstert und elastisch an? Struppiges und stumpfes Fell ist ein Anzeichen dafür, dass der Hund dringend eine Wurmkur benötigt. Wenn Sie nicht sicher sind, welches Mittel Sie nehmen sollen, fragen Sie Ihren Tierarzt, der Sie gerne berät.

Mit dem Älterwerden braucht Ihr Junghund immer weniger Milch, oder sie muss gesäudert werden. Falls Sie eine Komplettnahrung füttern, kann sie sogar ganz wegfallen. Wenn der Junghund nach dem Füttern an Durchfall leidet, kann das drei mögliche Ursachen haben: entweder verträgt er das Futter nicht, er hat sich überfressen oder er ist krank. Um die beiden ersten Möglichkeiten auszuschließen, lassen Sie Ihren Hund einen Tag lang hungern und geben ihm dann eine leichte Mahlzeit wie Hühnchen mit Reis. Setzen Sie dies einige Tage lang fort, wenn dann alles in Ordnung ist, lag das Problem aller Wahrscheinlichkeit nach in einer Unverträglichkeit des Futters. Wenn der Durchfall anhält, müssen Sie unbedingt einen Tierarzt konsultieren.

IMPFEN UND ENTWURMEN

Am besten stellen Sie Ihren neuen Welpen so bald wie möglich einmal Ihrem Tierarzt vor. Dieser wird Ihnen erklären, wann mit den Schutzimpfungen begonnen werden kann und welcher Entwurmungsplan einzuhalten ist. Achten Sie darauf, den Junghund beim ersten Tierarztbesuch nicht auf dem Fußboden der Praxis, wo viele Hunde ein- und ausgehen, laufen zu lassen, denn er ist noch nicht geimpft und ist dem Infektionsrisiko schutzlos ausgesetzt. Solange die Schutzimpfungen nicht vollständig abgeschlossen sind, sollten Sie auch auf Spaziergänge außerhalb des eigenen Grundstückes verzichten, es spricht aber nichts dagegen, hin und wieder einen Autoausflug zu unternehmen. So gewöhnt sich der Junghund gleich an das Autofahren, und die meisten Collies springen begeistert in den Wagen, wenn es losgeht zu einer Fahrt ins Grüne. Üblicherweise impft man gegen Hundestaupe, Hepatitis, Parvovirose, Leptospirose und Zwingerhusten. Falls Sie beabsichtigen, Ihren Hund auch einmal in einer Hundepension unterzubringen oder an Ausstellungen und Wettbewerben teilzunehmen, sind die vollständigen Schutzimpfungen Zulassungsvoraussetzung. Ohne vollständigen Impfpass wird man Sie unverrichteter Dinge wieder nach Hause schicken!

Die ersten Übungen an der Leine sollten kurz gehalten werden.

FRÜHERZIEHUNG

Bis es soweit ist, dass Ihr Junghund die Außenwelt kennen lernen kann, nutzen Sie die Zeit für erste, behutsame Erziehungsmaßnahmen zuhause.

ERZIEHUNG ZUR LEINENFÜHRIGKEIT

Legen Sie zunächst nur für kurze Zeiträume ein Halsband an und versuchen dann später einen ersten kleinen Spaziergang im Garten an der Leine. Manche Welpen machen dies problemlos mit, andere stemmen alle Viere in

Bis die Schutzimpfungen vollständig abgeschlossen sind, sollte der Auslauf auf das eigene Grundstück beschränkt werden.

den Boden und verweigern jede Vorwärtsbewegung. Wieder andere sind ganz sicher, dass man sie ermorden möchte und führen sich entsprechend auf. In dieser Situation ist es nur wichtig, Geduld zu haben. Wenn Sie dann noch mit ein paar Leckerbissen und freundlicher Überredungskunst nachhelfen, geht bald alles wie von selbst.

Am besten und schnellsten lernt Ihr Junghund, wenn Sie ihn glauben machen, dass es sich um nichts weiter als ein interessantes Spiel handelt. Ziehen Sie den Junghund nie an der Leine hinter sich her und beschimpfen Sie ihn nicht. Bleiben Sie freundlich, rufen Sie Ihren Collie beim Namen, loben Sie ihn - Sie werden sehen, schon nach wenigen Tagen findet auch er Gefallen an den Ausflügen im Garten.

Wenn dann die Schutzimpfungen endlich abgeschlossen sind, können Sie zu weiteren Erkundungsgängen aufbrechen. Geben Sie Acht, dass Sie Ihren Junghund niemals überanstrengen. Belassen Sie es bei kurzen Spaziergängen in der näheren Umgebung, bis der Hund sechs Monate alt ist. So erwächst in ihm auch die Gewissheit, dass er nach Ausflügen immer wieder in seine vertraute Umgebung zurückkehrt. Sie und Ihr Hund werden immer sicherer und vertrauter und bauen eine gute Beziehung zueinander auf. Ein ruhig an Ihrer Seite gehender Collie ist ein reines Vergnügen und Sie können die wohlverdienten Komplimente der Menschen für das gute Benehmen Ihres Hundes genießen.

SITZ

Zeigen Sie Ihrem Hund einen Leckerbissen und halten Sie ihn so über seinen Kopf, dass er sich hinsetzen muss, um ihn zu erreichen. Mit der anderen Hand drücken Sie sein Hinterteil sanft nach unten und sagen »Sitz«. Sobald er sitzt, geben Sie ihm die Belohnung und loben ihn kräftig. Wiederholen Sie diese Übung so lange, bis Ihr Junghund sich schon alleine auf das Kommando »Sitz« hinsetzt.

PLATZ

Beim Erlernen des »Platz« gilt die gleiche Vorgehensweise. Bringen Sie Ihren Hund zuerst in die »Sitz«-Position, zeigen Sie ihm dann einen Leckerbissen so nah am Boden, dass er sich hinlegen muss, um ihn zu erreichen. Falls er nicht versteht, was gemeint ist, können Sie vorsichtig seine Vorderläufe nach vorn ziehen, so dass aus dem »Sitz« ein »Platz« wird. Ihr Junghund wird schnell verstehen, was Sie von ihm verlangen. Sagen Sie »Platz«, sobald sich Ihr Hund in die gewünschte Position begibt, geben Sie ihm seine Belohnung und loben ihn mit der Stimme und Streicheleinheiten.

Locken Sie den Junghund mit Hilfe eines Leckerchens in Sitz-Position.

HIER

Vermutlich haben Sie Ihren Junghund inzwischen an seinen Namen gewöhnt und erste Übungen zum Herankommen gemacht Führen Sie diese Übungen fort und steigern Sie den Schwierigkeitsgrad allmählich. Beispielsweise können Sie die Entfernung zwischen sich und dem Hund immer mehr vergrößern, ihn aus einem anderen Raum heraus rufen und so weiter. Loben Sie ihn immer und zeigen ihm, dass Sie sich sehr darüber freuen, wenn er zu Ihnen kommt.

BLEIB

Bringen Sie Ihren Hund in Sitz-Position, sagen dann fest »Bleib«, treten einen Schritt zurück, warten eine Sekunde und gehen wieder zu ihm zurück. Loben Sie ihn und beloh-

Auch wenn die Aufregungen der Welpenzeit gut überstanden sind, hat der junge Collie noch besondere Bedürfnisse, denen Rechnung getragen werden muss.

nen Sie ihn für sein Warten - selbst wenn es nur für eine Sekunde gewesen ist! Beim nächsten Mal gehen Sie schon zwei Schritte zurück und warten zwei Sekunden. Vergrößern Sie Raum- und Zeitabstand immer mehr, aber verlangen Sie nicht zu viel auf einmal. Die Erziehung zum »Bleib« sollte lieber langsam, aber dafür gründlich eingeübt werden.

ALLEIN ZUHAUS

Heutzutage sind die meisten Menschen berufstätig - es ist zwar unfair, einen Junghund über längere Zeiträume alleine zu lassen, aber vielleicht können Sie ein Arrangement mit einem netten Nachbarn treffen, solange Ihr Hund noch sehr jung ist. Alternativ können Sie auch einen Außenzwinger mit Auslauf einrichten. Die Hütte muss aber unbedingt warm und frei von Zugluft sein, Ihr Junghund muss stets ausreichend Trinkwasser und Spielzeug zur geistigen Beschäftigung zur Verfügung haben. Ich persönlich würde nie einen Welpen an jemanden abgeben, der voll berufstätig ist; wenn aber jemand nur halbtags aus dem Haus ist, ist das sicher kein Problem. Wenn Sie Ihren Hund frühzeitig daran gewöhnt haben, auch einmal für ein paar Stunden alleine zu bleiben, wird alles gutgehen.

Die meisten Collies haben keine zerstörerischen Ambitionen. Wenn Sie jedoch keinen Außenzwinger haben, sondern den Hund im Haus alleine lassen, sorgen Sie dafür, dass er keine herumliegenden Elektrokabel oder Teppichfransen erwischen kann.

DER JUNGHUND

Sie haben die ersten sechs Monate überstanden und seufzen nun erleichtert auf, dass alles nach Plan verlaufen ist. Inzwischen sollten Sie einen gut erzogenen Junghund ihr eigen nennen können. Er benötigt jetzt nur noch zwei Hauptmahlzeiten und eine leichte Abendmahlzeit. Falls Ihr Collie zu dick oder dünn ist, passen Sie die Hauptmahlzeit entsprechend an. Ganz gleich, wie Sie füttern, achten Sie auf regelmäßige Fütterungszeiten, um Verdauungsstörungen vorzubeugen. Mit 4 bis 5 Monaten kommt Ihr Hund in den Zahnwechsel, der recht schmerzhaft sein kann. Zahngel für Babys schafft schnell Abhilfe. Da Ihr Collie zu dieser Zeit unbedingt auf etwas Hartem herumkauen möchte, geben Sie ihm einen großen Markknochen oder Kauspielzeug aus Rohhaut, das ist allemal besser als Ihr neues Paar Schuhe! Überprüfen Sie, wie die bleibenden Zähne durchbrechen. Gebissprobleme sind beim Collie zwar selten, aber Kontrolle schadet nie. Während des Zahnwechsels stellen sich mitunter die Ohren vorübergehend auf. Wenn Ihr Hund aber mehr als einen Tag lang Stehohren hat, massieren Sie die Ohrspitzen sanft mit etwas Creme, um sie geschmeidig zu halten und zum Kippen zu veranlassen. Einen Collie mit Stehohren können Sie nicht ausstellen, da dies dem Rassestandard widerspricht.

Welpen und Junghunde brauchen unbedingt sicheres Kauspielzeug.

4 Pflege und Erziehung

Collies sind eine sehr gesunde Rasse und können ein hohes Alter erreichen - ich selbst besaß einmal einen, der fast 17 Jahre alt wurde. Die meisten Collies zeigen erst ab 12 oder 13 Jahren erste Alterserscheinungen - denken Sie daran, bevor Sie losziehen, um einen Welpen zu kaufen.

ERNÄHRUNG

Wenn Collies im Alter von etwa einem Jahr die Geschlechtsreife erreichen, benötigen sie nur noch eine Mahlzeit pro Tag. Allerdings mögen alle Collies, die ich kenne, auch ein kleines Frühstück und freuen sich jeden Tag darauf. Über Hundeernährung gibt es verschiedene Ansichten und kein Hund ist wie der andere - letztendlich liegt die Fütterung also in Ihrer Hand und Sie müssen auswählen, was für Ihren Hund und auch für Ihren Geldbeutel das Beste ist.

Die etwas zeitaufwändigere Variante besteht in der Fütterung von Fleisch bzw. Pansen und Hundekuchen. Ich habe noch nie erlebt, dass ein Collie frischen Pansen verschmäht hätte. Sein Geruch ist zwar für menschliche Nasen nicht gerade angenehm, aber die meisten erfolgreichen Züchter verfüttern ihn als Hauptmahlzeit. Er ist im guten Zoofachhandel auch tiefgefroren in praktischen Verpackungseinheiten erhältlich. Ein körperlich voll entwickelter erwachsener Hund kann prima nur von Pansen und Hundekuchen oder Pansen und Flocken-Mischfutter, jeweils zu gleichen Teilen, leben.

Vielbeschäftigte Hundebesitzer tendieren meist eher zu Fertigfutter in Trocken- oder Dosenform. Die Auswahl an industriellen Fertigfuttern ist geradezu unendlich! Wenn Sie Dosenfleisch verfüttern, mischen Sie es bitte unbedingt mit der richtigen Menge Hundekuchen oder Flockenfutter, da sonst das Verdauungssystem des Hundes beeinträchtigt werden könnte. Manche der besonders teuren Futtersorten können viel zu proteinhaltig für einen erwachsenen Hund sein, lesen Sie deshalb immer aufmerksam die Angaben auf den Etiketten! Das Aussehen Ihres Hundes wird Ihnen sagen, ob Sie alles richtig machen, denn nicht nur das Haarkleid, sondern auch die glänzenden Augen und sein Temperament spiegeln den Ernährungszustand wider.

Gewöhnen Sie Ihren Collie schon früh an regelmäßige Fellpflege.

Unbedingt muss der Hund jederzeit Zugang zu frischem Wasser haben und der Wassernapf sollte täglich gereinigt werden.

Ist Ihr Hund einmal nicht gut in Form oder leidet unter ersten Altersbeschwerden, tut ihm eine leichtere Nahrung wie Hühnchen mit Reis oder auch Rührei gut. Auch gekochter Fisch eignet sich, aber geben Sie Acht, dass alle Gräten entfernt sind. Falls Ihr Hund länger als zwei Tage nicht frisst, ist ein Tierarztbesuch angebracht, denn in der Regel fressen Collies selbst dann noch, wenn es ihnen nicht gut geht.

FELLPFLEGE

Mindestens einmal pro Woche sollten Sie eine gründliche Fellpflegesitzung einplanen. Gewöhnen Sie Ihren Collie von klein auf daran, gebürstet zu werden. Ideal ist, wenn er die ganze Prozedur zu dem Zeitpunkt, an dem er zu Ihnen nach Hause kommt, schon kennt. Sie benötigen folgende Pflegewerkzeuge:

- Eine gute Haarbürste, am besten aus reiner Naturborste. Sie ist zwar nicht ganz billig, massiert die Haut aber in idealer Weise und entfernt zuverlässig alles abgestorbene Haar. Eine billigere Draht- oder Nylonbürste reißt zu viele Haare aus und verursacht brüchige Spitzen.
- Ein fein gezahnter Kamm.
- Ein gröber gezahnter Kamm.
- Eine spitze Schere
- Eine Schere mit abgerundeter oder gebogener Spitze zum Beschneiden der Haare zwischen den Pfotenballen.
- Einen Krallenknipser.

Regelmäßiges Bürsten verhindert, dass das Haarkleid stumpf wird und verfilzt. Ein ungepflegter Collie ist immer ein trauriger Anblick, gleich ob es sich um einen Ausstellungs- oder Familienhund handelt.

Beginnen Sie das Bürsten am Rücken und arbeiten sich dann nach vorne

FELLPFLEGE
Demonstriert von Pauline Skyrme und Emryks Heavenly Bliss

Es kann losgehen.

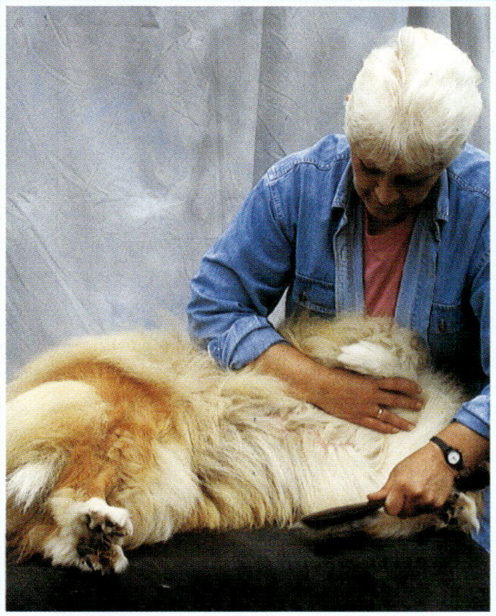

Legen Sie den Hund auf die Seite, um auch seinen Bauch zu erreichen. .

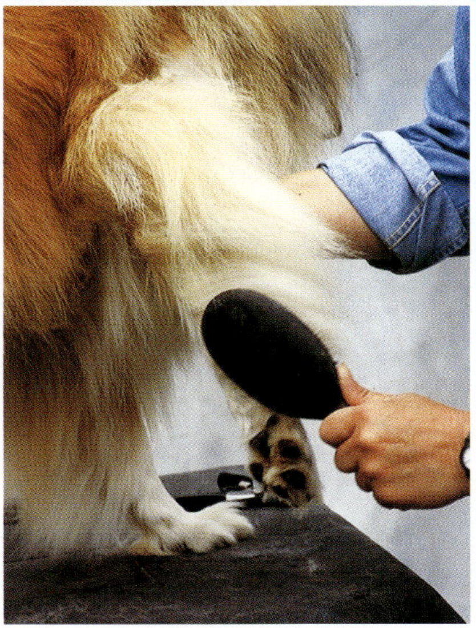

Vergessen Sie die Befederung an den Vorderläufen nicht.

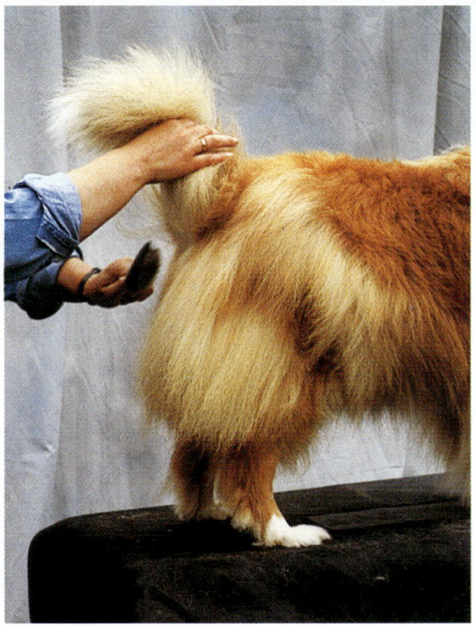

Das Haar an den Hinterläufen muss gründlich durchgebürstet werden.

Die dichte Brustbehaarung braucht besondere Aufmerksamkeit.

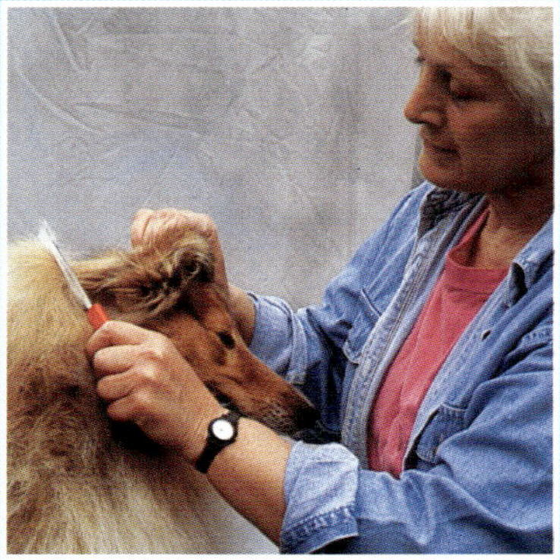

Kämmen Sie rund um die Ohren.

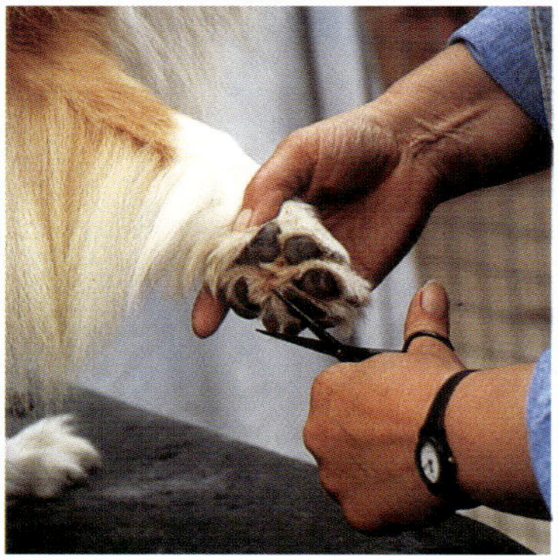

Trimmen Sie zwischen den Ballen.

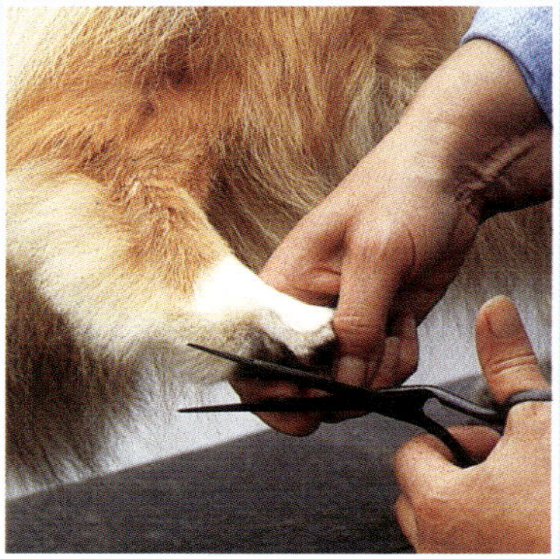

Die Befederung braucht neuen Schliff

Das Resultat der Mühe!

vor, sparen Sie die Mähne und die üppige Halskrause bis zuletzt auf. Bürsten Sie die Rute und vergessen Sie auch nicht, die üppig behaarte Unterseite durchzukämmen. Bürsten Sie die Lenden, das Haar in der Ellbogenbeuge und unter dem Bauch sowie die Befederung an den Vorderläufen. Bürsten Sie die Mähne zuerst gegen den Strich auf und dann sanft wieder in die richtige Lage zurück, das verleiht ihr ein wunderschönes, gepflegtes Aussehen. Befassen Sie sich dann mit der Halskrause. Zuletzt kämmen Sie rund um den Ohransatz und entfernen Sie entweder zwischen Daumen und Zeigefinger oder mit Hilfe einer Ausdünnschere alles überstehende Haar, das die Ohrkontur verdirbt.

Falls das Haar um die Sprunggelenke sehr dick und unansehnlich ist, trimmen Sie überflüssiges Haar vorsichtig mit der abgerundeten Schere in Form. Kämmen Sie das Haar aber vorher sorgfältig auf und arbeiten Sie immer von unten nach oben. Lassen Sie mindestens einen halben Zentimeter Haar an den Sprunggelenken stehen, da die Hinterläufe sonst schnell zu dünn und staksig wirken. Nehmen Sie immer nur wenig Haar auf einmal weg und an beiden Hinterläufen gleich viel. Wenn die Sprunggelenke sehr dicht behaart sind, können Sie vor dem Schneiden auch mit der Ausdünnschere arbeiten.

Noch bis vor wenigen Jahren war es auf Ausstellungen erlaubt, Kalk oder andere Weißmacher zu verwenden, um die weißen Fellpartien eines Collies stärker hervorzuheben. Heute ist dies verboten und wird mit Disqualifikation geahndet.

In den USA trimmen viele Züchter auch die Ohrhaare und schneiden die Tasthaare um den Fang ab - mein Geschmack ist das nicht. Nur das sehr üppige Haar, das bei manchen Collies um den Ohransatz sprießt, sollte vorsichtig zwischen Daumen und Zeigefinger ausgezupft werden. Machen Sie das Ohr so zurecht, wie es aussieht, wenn der Hund aufmerksam ist. Kämmen Sie dazu das Haar auf der Oberseite der Ohren nach außen über den Ohrrand und zupfen Sie das zu weit überstehende Haar aus. Sie können hier auch mit einer Ausdünnschere arbeiten. Wenn Sie sich nicht sicher sind, wie es geht, fragen Sie einen erfahrenen Colliebesitzer um Rat. Nehmen Sie niemals Haar von der nach vorn kippenden Ohrspitze weg und bedenken Sie, dass zuviel Trimmen dazu führen kann, dass ein früher perfekt getragenes Ohr sich zum Stehohr aufrichtet.

Ein gut gepflegter Collie ist ein wunderschöner Anblick - und es ist gar nicht schwer, ihn in diesem Zustand zu halten. Ich persönlich finde es außerdem sehr entspannend, neben meinen Collies auf dem Fußboden zu sitzen und sie zu bürsten. Der gesamte Alltagsstress fällt dabei von einem ab! Und der Collie genießt es schließlich auch.

IST DAS FELL IN ORDNUNG?

Die Fellpflegesitzung bietet immer gute Gelegenheit, auch einmal genauer in die dichte Unterwolle zu schauen um eventuelle unerwünschte Gäste oder beginnende Hautkrankheiten zu entdecken. Collies haben ein doppeltes Haarkleid mit dickem, weichem und wolligem Unterhaar, das sowohl gegen Hitze als auch gegen Kälte hervorragend isoliert. Das Deckhaar ist so lang, dass es die Unterwolle völlig überdeckt. Um herauszufinden, ob Ihr Collie ein funktionstüchtiges und wetterfestes Haarkleid besitzt, gehen Sie einmal mit ihm im Regen spazieren. Ein gutes, harsches Collie-Haarkleid wird nur an der Oberfläche nass, die tieferen Schichten bleiben knochentrocken. Nur bei einem schlechten, schütteren Haarkleid wird der Hund bis auf die Haut nass.

ZÄHNE

Wichtig ist, von Anfang an regelmäßig die Zähne zu kontrollieren und zu säubern. Dies ist keine große Sache und nicht schwierig, wenn Sie Ihren Hund früh genug daran gewöhnen. Ich finde es immer jammerschade, bei einem Collie, den man im Ausstellungsring wegen seines Aussehens und seiner Bewegungen bewundert hat, mit näherem Hinsehen verschmutzte und faulig riechende Zähne zu entdecken. Säubern Sie deshalb ein- bis zweimal pro Woche die Zähne Ihres Hundes mit einer guten Zahnbürste oder einer praktischen Fingerbürste und verwenden Sie dabei spezielle Hundezahnpasta.

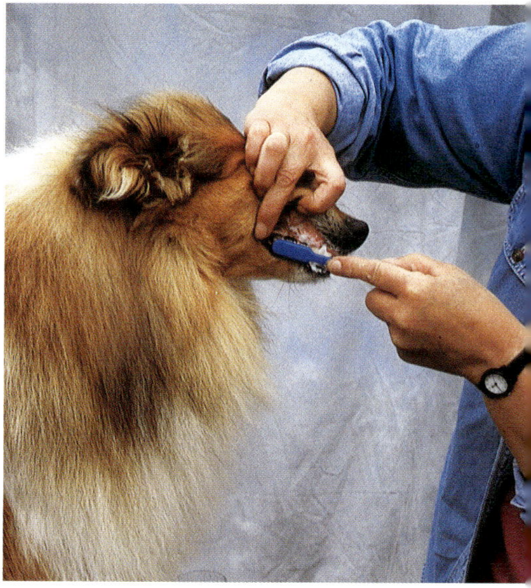

Wöchentliches Bürsten hält die Zähne sauber und den Atem frisch.

OHREN

Collies mit ihren halb aufrecht getragenen Ohren haben selten Probleme mit Entzündungen in diesem Bereich, da die Ohrform eine freie Luftzirkulation ermöglicht.. Trotzdem können mitunter Milben hineingelangen, besonders, wenn Sie Katzen halten - kontrollieren Sie deshalb die Ohren einmal wöchentlich. Bohren Sie niemals mit irgendeinem Gegenstand im Gehörgang! Verwenden Sie stattdessen einen guten, im Zoofachhandel oder beim Tierarzt erhältlichen

Ohrreiniger, der alles Ohrschmalz und alte Verkrustungen beseitigt.

KRALLEN

Die meisten Collies nutzen ihre Krallen auf natürliche Weise ab, zumindest, wenn sie auf rauem Untergrund gehalten und regelmäßig bewegt werden. Da viele Hunde das Krallenscheiden nicht mögen, fängt man am besten bereits im Welpenalter damit an. Bis die Hunde alt genug sind, um regelmäßig draußen zu laufen, müssen in der Regel alle zwei bis drei Wochen die Krallen beschnitten werden. Im Allgemeinen gewöhnen sie sich schnell an diese Prozedur, manchen erscheint sie jedoch so traumatisch, dass Sie Ihre Autorität ins Spiel bringen müssen. Wenn alles nicht hilft und Sie es nicht schafffen, die Krallen Ihres Hundes selbst zu schneiden, muss der Tierarzt es einmal im Monat für Sie erledigen. Sicher kommt es nur äußerst selten vor, dass ein Collie einmal beißt, wenn er sich jedoch sehr gegen das Krallenschneiden wehrt und dabei knurrt, ist es auf alle Fälle besser, ihm dabei einen Maulkorb anzulegen oder ersatzweise einen Strumpf um den Fang zu binden. So sind Hund und Mensch sicher!

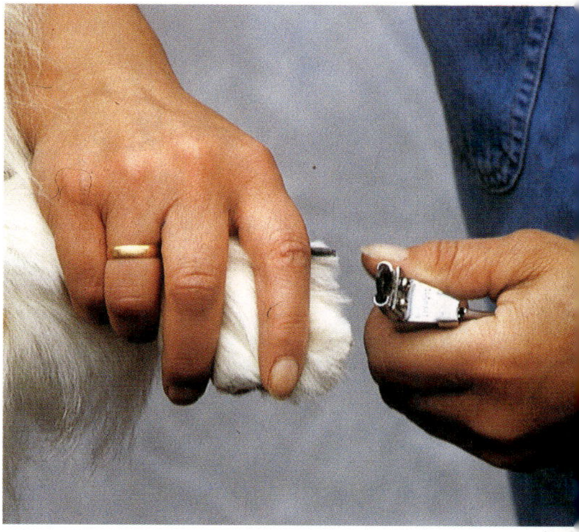

Die Krallen müssen regelmäßig kontrolliert und gekürzt werden.

Das Haar zwischen den Pfotenballen kann mitunter so dick und verknotet werden, dass es die Zehen auseinander spreizt und den Hund beim Laufen stört. In diesem Fall müssen Sie es vorsichtig mit einer abgerundeten Schere zurückschneiden, am besten zusammen mit einer Hilfsperson. Nehmen Sie eine Pfote in die Hand und schneiden Sie dabei vorsichtig zwischen den Ballen, ohne die Haut zu verletzen oder das Haar zu kurz zu schneiden. Um den Pfoten eine schöne, abgerundete Kontur zu verleihen, wird nur das überflüssige Haar abgeschnitten.

BADEN

Collies sind in der Regel sehr reinliche Hunde und müssen nicht oft gebadet werden. Zweimal pro Jahr reicht vollkommen aus, es sei denn, der Hund war in extremem Schmutz unterwegs. Aber selbst dann reicht es im Normalfall aus, nur Unterbauch, Läufe und Pfoten abzuwaschen.

Wenn Sie Ihren Collie in der Badewanne waschen, legen Sie unbedingt eine Gummibadematte hinein. So kann der Hund nicht ausrutschen und Ihre Wanne ist vor Kratzern geschützt. Legen Sie alle benötigten Gegenstände griffbereit, bevor Sie anfangen und lassen Sie Ihren Hund niemals im Bad allein.

Haben Sie ein gutes Hundeshampoo (solches für menschlichen Gebrauch ist für Hunde ungeeignet) und genügend Handtücher? Auch eine zweite Person wäre für Sie von großem Nutzen, denn ein nasser Collie ist schwer!

Lassen Sie nur soviel Wasser in die Wanne, dass die Pfoten gerade eben bedeckt sind. Dann duschen Sie den Hund vorsichtig mit dem Brausekopf ab und massieren dabei das Shampoo gründlich bis auf die Haut ein. Wenn Ihr Collie das schon erwähnte wetterfeste Haarkleid hat, kann es eine ganze Weile dauern, bis das Wasser alle Stellen erreicht hat! Shampoonieren Sie den ganzen Hund etwa fünf Minuten lang gründlich und geben Sie dabei Acht, dass keine Seife in seine Augen gelangt. Spülen Sie dann so lange mit klarem Wasser nach, bis keine Seifenreste mehr im Fell zurückbleiben. Lassen Sie alles Wasser aus der Wanne ab, bevor Sie mit dem Abduschen beginnen, damit die Läufe und Pfoten nicht im Seifenwasser stehenbleiben.

Streifen Sie das Wasser mit der Hand aus dem Fell und bedecken Sie Ihren Collie mit Handtüchern, bevor er sich gründlich schütteln kann. Rubbeln Sie ihn vorsichtig ab und bringen Sie ihn dann ins Freie, wo er den letzten Rest Wasser mit einem kräftigen Schütteln aus seinem Fell schleudert. Jetzt können Sie ihn noch mit einem Fön trocknen und gleichzeitig bürsten oder einfach warten, bis das Fell von selbst getrocknet ist. Richten Sie besonderes Augenmerk auf das Fell hinter den Ohren, das leicht verknotet und verfilzt, wenn nichts dagegen unternommen wird.

Die beste Zeit, einen Collie zu baden, ist während des Haarwechsels - so wird er all das abgestorbene Haar los und baut sein neues Fell schneller auf.

DER ÄLTERE COLLIE

Wie wir alle, bekommt auch Ihr Collie im Alter vermutlich arthritische Beschwerden, deshalb ist es wichtig, dass er auf einer dicken, flauschigen und warmen Unterlage ruhen kann.

Achten Sie darauf, dass sein Schlafplatz frei von Zugluft und sein Fell trocken ist, bevor er sich zum Schlafen hinlegt. Überhaupt sollten Sie Ihren Collie, ganz gleich, wie alt er ist, niemals mit nassem Fell »ins Bett gehen« lassen.

Für einen älteren Hund sind mäßige Bewegung und ausgewogene Ernährung wichtig. Drei kleine Mahlzeiten sind jetzt besser als eine große.

Collies sind in der Regel gesund und langlebig. Dieser 8 Monate alte Junghund (links) und sein 11 1/2-jähriger Freund (rechts) sind stets gemeinsam unterwegs!

Seine früher gewohnte Ernährung ist nicht mehr passend, denn er braucht jetzt mehr Energie in kleineren Portionen. Geben Sie ihm nie eiskaltes Futter aus dem Kühlschrank, sondern wärmen Sie es leicht an, um es schmackhafter zu machen.

Oft kann man einen älteren Hund, dessen Appetit nicht mehr so gut ist, mit Rührei, Hühnchen oder Fisch mit Reis oder gekochtem Lammfleisch mit Reis zum Fressen verführen. Auch unter den Dosenfuttern gibt es spezielle Mischungen mit niedrigem Proteingehalt, die sich besonders für die Ernährung von Senioren eignen.

Ein älterer Hund verträgt extreme Temperaturen nur schlecht, achten Sie deshalb darauf, dass Ihr alter Collie bei nasskalter Witterung nicht im Freien bleiben muss und an heißen Tagen ein schattiges Rückzugsplätzchen hat. Hat Ihr Collie Mundgeruch? Überprüfen Sie regelmäßig, ob alle Zähne in Ordnung sind und keine Zahnfleischerkrankungen vorliegen.

Es wäre auch eine gute Idee, den Wassernapf etwas erhöht anzubringen, um ihm das Leben leichter zu machen, besonders, wenn er wegen arthritischer Beschwerden in den Gelenken Probleme hat, sich tief hinabzubücken. Hat Ihr Collie offensichtlich Gelenkschmerzen, kann der Tierarzt schmerzlindernde und die Beweglichkeit fördernde Mittel verschreiben.

Sorgen Sie sich nicht zu sehr, falls Ihr Collie im Alter erblinden sollte. Er kann durchaus damit zurechtkommen, solange sie seine ihm vertraute Umgebung nicht verändern.

Der Collie ist ein stolzer, selbstbewusster Hund und würde sehr darunter leiden, seine Würde zu verlieren. Denken Sie bitte daran, wenn eines Tages die Zeit gekommen ist, eine schwere Entscheidung zu treffen.

Tun Sie es, bevor Ihr Hund all seine Fähigkeiten verloren hat und denken Sie daran, dass Sie ihm damit einen letzten großen Freundschaftsbeweis erbringen. Erinnern Sie sich an die guten gemeinsamen Zeiten, die schönen Spaziergänge, die gemütlichen Abende vor dem Kaminfeuer und seien Sie dankbar für all die Freude, die dieser Hund Ihnen bereitet hat.

GRUNDLEGENDE ERZIEHUNG

Die meisten Collies sind so sehr darauf bedacht, ihrem Menschen zu gefallen, dass sie sehr schnell lernen. Das sichere Beherrschen der Kommandos »Sitz«, »Bleib« und »Hier« (siehe Kap. 3) ist ein absolutes Muss. In einer Notfallsituation muss Ihr Hund sofort reagieren, wenn Sie »Sitz« rufen. Schon so mancher Unfall konnte mit einer soliden Hundeerziehung vermieden werden! Und nichts ist angenehmer als ein gut erzogener Hund.

Es gibt genügend Aktivitäten, an denen Sie sich mit Ihrem Collie beteiligen können - Arbeits- oder Fährtenhundeprüfungen, Agility, Begleithundeprüfungen u.s.w.

Die Erziehung endet nicht beim Welpen, sondern setzt sich bis ins Erwachsenenalter fort.

Bevor Sie solche Projekte in Angriff nehmen, sollten Sie einem Club beitreten, der Trainingsstunden für die von Ihnen ausgesuchte Sportart anbietet. Anschriften entsprechender Anlaufstellen erhalten Sie von Ihrem nationalen Dachverband für Hundezucht (Deutschland: VDH; Schweiz: SKG, Österreich: ÖKV). Auch andere Hundebesitzer oder der Tierarzt wissen häufig Bescheid, wo es Vereine gibt und wann trainiert wird.

Obedience (unten) und Fährtenarbeit (oben) sind nur einige der Möglichkeiten, mit dem Collie aktiv zu werden.

Durch den Reifen....

AGILITY

Agility ist eine Fun-Sportart mit Hund, bei der ein Hindernisparcours so schnell und fehlerfrei wie möglich überwunden werden muss. Hunde haben großen Spaß daran, besonders der lebhafte und intelligente Collie.

Wenn Sie nachstehende Trainings-Tipps beherzigen, werden Sie und Ihr Hund Agility in vollen Zügen genießen:

1. Spielen Sie schon im Welpenalter viel mit Ihrem Collie. Laufen Sie fröhlich umher, den Hund abwechselnd an Ihrer linken und rechten Seite. Er muss aber nicht so dicht an Ihrem Bein laufen wie in der Obedience.
2. Erhalten Sie Interesse und Aufmerksamkeit Ihres Hundes mit Leckerbissen und viel Lob.
3. Überfordern und langweilen Sie Ihren Hund nicht durch endlose Wiederholungen. Beenden Sie eine Trainingsstunde dann, wenn etwas gut geklappt hat und solange Sie beide noch Spaß an der Sache haben.
4. Sparen Sie nicht mit Lob - belohnen Sie richtige Handlungen und ignorieren Sie unerwünschte.
5. Suchen Sie sich einen Hundeclub aus, in dem man hinsichtlich der Trainingsmethoden individuell auf jede Hunderasse und auf jeden Hund eingeht. Nicht alle Hunde sind Border Collies!

Vor allem eines: Verlieren Sie nie den Spaß - es ist nur ein Spiel!

...und den Falttunnel.

Sprung über die Hürden.

5 Ausstellungen

Das Ausstellen von Hunden ist Vergnügen und Hobby für Tausende von Hundefreunden. Wenn Sie vorhaben, Ihren Collie auszustellen, sollten Sie spezielle Vorbereitungskurse in Hundeschulen besuchen, damit Sie und Ihr Hund einen Einblick in die Kunst der richtigen Präsentation erhalten. Besuchen Sie Ausstellungen und beobachten Sie, wie die Hunde vorgestellt werden.

Bevor Sie Ihren Hund für eine Ausstellung melden, muss er unbedingt einen guten Grundgehorsam besitzen und ruhig an der Leine gehen; auch muss er ruhig stehen können. In den angesprochenen Vorbereitungskursen lernt Ihr Hund, sich auch von Fremden überall anfassen und die Zähne untersuchen zu lassen. Mit kleinen Tricks wie Leckerbissen oder einer raschelnden Plastiktüte schaffen Sie es, Ihren Collie wacher und aufmerksamer aussehen zu lassen. Während des Trainings sollten Sie immer ein paar leckere kleine Happen zur Belohnung in der Tasche haben.

Ihr Collie muss unbedingt leinenführig sein. Sollte er ziehen, korrigieren Sie ihn mit einem leichten Leinenruck und loben ihn, sobald er sich wieder in der richtigen Position neben Ihnen befindet. Üben Sie täglich, aber immer nur kurz. Mit der Zeit wachsen Ihr Collie und Sie zu einem echten Team zusammen.

Mit etwas Übung wird die richtige Präsentation bald zur zweiten Natur für Ihren Collie.

Der Richter untersucht Ihren Collie gründlich.

Ein erfolgreicher Ausstellungshund ist im Ring aufmerksam und konzentriert.

Sobald Sie mehr Sicherheit haben, simulieren Sie die Bedingungen auf einer Ausstellung und führen Ihren Hund zuerst in einem großen Dreieck vor, anschließend noch einmal gerade vom Richter weg und zurück auf ihn zu. Beim Halt muss der Hund mit allen vier Läufen geschlossen stehen. Wenn Sie jetzt mit Ihrer Hand die Tasche berühren, in der Sie gewöhnlich die Belohnungsleckerbissen aufbewahren, wird er gespannt die Ohren aufstellen und so das Bild eines aufmerksamen und wachen Collies vermitteln.

Wenn Sie an alledem Spaß haben und der Meinung sind, Ihr Collie habe das Zeug zu einem Ausstellungshund, beginnen Sie erst einmal mit dem Besuch kleinerer Veranstaltungen in Ihrer Nähe. Möglicherweise sind Sie dann schon einer unheilbaren Passion verfallen... Da das Ausstellen von Hunden aber auch ein recht kostspieliges Unterfangen ist, sollten Sie sich bezüglich der Qualität Ihres Collies nichts vormachen. Das Ausstellen macht nur Sinn, wenn er dem offiziellen Rassestandard, der das Zuchtziel für die Rasse beschreibt, entspricht. Kennen Sie diesen Standard und sind Sie sicher, dass Ihr Hund sich daran messen lässt?

DIE RASSESTANDARDS

Wie bei allen anderen Rassen auch ist das Wesen des Hundes ein ganz entscheidender Faktor. Der Collie sollte jederzeit ein freundliches Wesen ohne jede Anzeichen von Aggression oder Furcht zeigen. Zwar sind Kopf und Schädel für die Bewertung eines Collies von großer Bedeutung, aber die Gesamterscheinung und -konstitution des Hundes darf niemals zugunsten eines schönen Kopfes vernachlässigt werden.

DER KOPF Der Collie sollte einen recht langen Kopf mit flachem Schädel haben, der von vorne oder von der Seite gesehen einem gut abgestumpften, sauber geschnittenen Keil gleicht. Der leichte, jedoch wahrnehmbare Stopp sitzt in der Mitte zwischen Oberkopf und Spitze der Nase. Das Vorgesicht muss gut gerundet sein, der Unterkiefer kräftig und gut geformt.

AUGEN Die Position der Augen bestimmt den Ausdruck des Collies. Ein sehr kleines Auge lässt den Hund hinterlistig und verschlagen erscheinen; ein zu großes Auge hingegen erweckt den Eindruck eines unintelligenten und stumpfen Tieres. Vielmehr sollen die Augen mittelgroß, mandelförmig und etwas schräg eingesetzt sein, um ein optimales Gesichtsfeld zu ermöglichen. Die Augenfarbe ist stets dunkelbraun, mit Ausnahme der Blue-merles, bei denen die Augen häufig (eines oder beide ganz oder eines oder beide teilweise) blau oder blau gefleckt sind. So genannte Birken- oder Glasaugen, wie sie mitunter beim Bobtail vorkommen, sind nicht erwünscht. Die Augen des Collies sollen freundlich und verträumt, aber gleichzeitig intelligent und aufmerksam erscheinen.

Das Vorgesicht soll gut gerundet, der Unterkiefer kräftig sein.

Der Hals wird von einer dichten, den Kopf einrahmenden Halskrause geziert.

OHREN Position und Größe der Ohren tragen entscheidend zum korrekten Gesamtbild des Collies bei. Sie sollten relativ klein sein und weder zu nahe beieinander noch zu weit voneinander entfernt auf dem Schädel angesetzt sein. In der Ruhe sind sie zurückgelegt, sobald jedoch die Aufmerksamkeit des Collies erregt wird, werden sie nach vorne gebracht und halb aufrecht getragen, d.h. etwa zwei Drittel des Ohres stehen aufrecht und das obere Drittel kippt auf natürliche Art nach vorne bis unter die waagerechte Linie der Kippfalte. Zusammen mit dem freundlich und intelligent wirkenden Auge ergibt dies den gewünschten Collie-Ausdruck, der so wichtig für die Rasse ist.

FANG/GEBISS Die Zähne sind von guter Größe. Gefordert ist ein vollständiges Scherengebiss, bei dem die obere Schneidezahnreihe ohne Zwischenraum über die untere greift und die Zähne senkrecht im kräftigen Kiefer stehen.

HALS Der Hals des Collies ist gut gebogen, muskulös und von angemessener Länge. Er ist dicht behaart und trägt eine Mähne, die den Kopf umrahmt.

VORHAND Schultern schräg und gut gewinkelt, Vorderläufe gerade und muskulös, Ellbogen weder nach innen noch nach außen gedreht. Mäßig starke Knochen, der Gesamtkonstitution des Hundes entsprechend.

KÖRPER Im Vergleich zur Schulterhöhe etwas länger. Die Brust ist tief und die Rippen sind gut gewölbt, um Platz für das Herz zu schaffen. Rücken gerade und fest mit leichter Wölbung über der Lendenpartie.

HINTERHAND Oberschenkel muskulös, trocken und sehnig unterhalb der gut gewinkelten Kniegelenke. Sprunggelenke tief stehend und kraftvoll, um eine energische Bewegung zu ermöglichen.

PFOTEN Oval, mit gut gepolsterten Sohlen. Zehen gut aufgeknöchelt und dicht zusammenstehend; an den Hinterpfoten etwas weniger aufrecht, jedoch niemals flach und gespreizt.

RUTE Lang, ihr Knochenende reicht mindestens bis zu den Sprunggelenken. In Ruhe wird sie tief mit leicht aufgebogener Spitze getragen. Bei Erregung kann sie höher, jedoch niemals (wie beim Spitz) über dem Rücken getragen werden.

HAARKLEID Passt sich den Umrisslinien des Körpers an, sehr dicht. Deckhaar glatt, es fühlt sich hart an. Unterwolle weich, pelzig und sehr dicht, nahezu die Haut verbergend, Mähne und Halskrause üppig. Maske und Gesicht glatt und kurz. Ohren an den Spitzen glatt und kurz, zum Ansatz hin zunehmend mehr Haar. Vorderläufe gut befedert, Hinterläufe oberhalb der Sprunggelenke üppig behaart, unterhalb jedoch kurzhaarig. Rute sehr üppig behaart.

GANGART/BEWEGUNG Die Bewegung ist ein unverkennbares, charakteristisches Merkmal dieser Rasse. Ein gut gebauter Hund dreht niemals

Das dichte Haarkleid folgt den Umrisslinien des Körpers.

Die drei Collie-Farben: Blue-merle (rechts), weiß-zobelfarben (unten links) und Tri-colour (unten rechts).

die Ellbogen aus, dennoch kommen sich die Vorderpfoten in der Bewegung verhältnismäßig nahe. Strickendes, kreuzendes oder rollendes Gangwerk ist höchst unerwünscht.

Von hinten betrachtet stehen die Hinterläufe von den Sprunggelenken zum Boden parallel, jedoch nicht zu eng zusammen. Von der Seite gesehen ist die Bewegung fließend, Hinterläufe kraftvoll mit starkem Schub. Ein entsprechend raumgreifender Schritt ist erwünscht, dieser sollte leicht und mühelos sein.

Die Bewegung sollte leicht und mühelos sein.

FARBE Es gibt drei anerkannte Farben: Zobelfarben-weiß, Tri-colour und Blue-merle.
Zobelfarben: Jede Schattierung von hellem Gold bis zum satten Mahagoni oder schattiert zobelfarben. Helle Stroh- oder Cremefarbe ist höchst unerwünscht.
Tri-colour: Vorwiegend schwarz mit satten, lohfarbenen Abzeichen an Kopf und Läufen. Ein Rostschimmer im Deckhaar ist höchst unerwünscht.
Blue-merle: Vorwiegend klares, silbriges Blau mit schwarzen Flecken oder schwarz marmorierter Zeichnung. Satte lohfarbene Abzeichen werden bevorzugt, ihr Fehlen sollte nicht beanstandet werden. Große schwarze Flecken, Schieferfarbe oder ein Rostschimmer sowohl im Deckhaar als auch in der Unterwolle sind höchst unerwünscht.
Weiße Abzeichen: Alle vorgenannten Farben können die für den Collie typischen weißen Abzeichen mehr oder weniger aufweisen. Folgende Zeichnung ist vorteilhaft: Ganz oder teilweise weiße Halskrause, weiße Brust, Läufe und Pfoten, weiße Rutenspitze. Auf dem Vorgesicht und/oder am Schädel darf eine Blesse vorhanden sein. Das Weiß darf nicht über die Schulter oder die Sprunggelenke hinausgehen, der Körper darf keine weißen Abzeichen aufweisen - dies würde als grober Fehler gewertet. .

GRÖSSE Widerristhöhe: Rüden 56-61cm, Hündinnen 51-56 cm.

SO WIRD MAN CHAMPION

Die Regeln für Hundeausstellungen sind von Land zu Land verschieden. Um in den USA oder in Kanada den Titel »Champion« zu erringen, muss ein Hund mindestens fünfzehn Punkte unter mindestens drei verschiedenen Richtern erhalten haben. Zwei der Ausstellungen müssen so genannte »Major Shows« gewesen sein; pro Ausstellung können höchstens fünf Punkte gewonnen werden.

Alle der FCI (Fédération Cynologique Internationale) angeschlossenen Länder, darunter auch Deutschland, Österreich und die Schweiz, haben ein einheitliches Reglement. Folgende Ausstellungsarten werden angeboten: Spezialzuchtschauen einzelner Rassehundeclubs, allgemeine Rassehundzuchtschauen und internationale Rassehundzuchtschauen. Auf internationalen Rassehundzuchtschauen wird das CACIB - die Anwartschaft zum internationalen Schönheitschampion - vergeben (entspricht dem englischen CC). Für seinen Titel braucht ein Hund vier Anwartschaften in drei verschiedenen Ländern unter drei verschiedenen Richtern. Besonders wichtig und vernünftig im europäischen Ausstellungsgeschehen ist, dass die Hunde nicht nur in den Klassen platziert werden, sondern dass der Richter sie auch mit einem schriftlichen Bericht bewerten muss. Es werden Formwertnoten vergeben von der Qualifikation vorzüglich (V) über sehr gut (SG), gut (G), genügend (GGD) bis zu nicht genügend (NGGD). So gewinnt der Aussteller wesentliche Informationen, inwieweit sein Hund mit dem Rassestandard übereinstimmt und wo die Abweichungen liegen.

Ausstellen ist ein aufwändiges Hobby!

In Australien muss ein Collie auf Ausstellungen 100 Punkte und vier CCs (Challenge Certificates) unter vier verschiedenen Richtern (CCs) ansammeln. In England ist das Ausstellungssystem zum größten Teil etwas anders geregelt und wird vom Kennel Club (nationaler Dachverband der englischen Hundezucht) betreut. So gibt es zum Beispiel *Exemption shows*, die zwar von den Regeln des Kennel Club befreit sind, aber trotzdem von ihm lizensiert werden müssen oder *Sanction shows,* die nur für Mitglieder eines bestimmten Clubs offen und auf zwanzig Klassen beschränkt sind. *Limited shows* sind ebenfalls nur für Clubmitglieder offen, schreiben aber mehr verschiedene Klassen aus.

Open shows sind für alle Rassehunde offen, die beim Kennel Club registriert sind; der Besitzer muss jedoch nicht Mitglied im Zuchtverband sein. Bei dieser Art von Ausstellung gibt es meist vier verschiedene Klassen eigens für den Collie. Weiterhin gibt es noch die *Championship shows,* auf denen starke Konkurrenz herrscht und auf denen die für den Championtitel notwendigen und begehrten CCs gesammelt werden. Auf diesen Ausstellungen kann man sich auch für Crufts, die bedeutendste Hundeausstellung Englands, qualifizieren. Um englischer Champion zu werden, muss ein Hund drei CCs unter drei verschiedenen Richtern errungen haben. Nur im Alter von zwölf Monaten kann ein Hund den Championtitel erhalten.

6 Vom Züchten

Bevor Sie sich daran machen, mit Ihrem Collie zu züchten, überdenken Sie bitte alles sehr gründlich.

DER DECKRÜDE

Vielleicht besitzen Sie einen Rüden und möchten ihn zum Deckeinsatz anbieten. Falls er nicht gerade ein Spitzensieger auf Ausstellungen ist, rate ich sehr davon ab, denn ein Rüde, der einmal auf den Geschmack gekommen ist, wird künftig ständig nach deckbereiten Hündinnen Ausschau halten, was zum echten Problem werden kann. Ihr Rüde wird auch so nichts vermissen! Falls Sie nicht ganz geanu wissen, was Sie tun, können Rüde oder Hündin bei einem missglückten Zuchtversuch durchaus Schaden nehmen. Wenn Sie unbedingt möchten, dass Ihr Rüde eine Hündin deckt, fragen Sie einen erfahrenen Colliezüchter um Rat und versuchen Sie es nie auf eigene Faust.

Nur wenn die Elterntiere von hoher Qualität sind, sollte gezüchtet werden.

DIE ZUCHTHÜNDIN

Wenn Sie eine Hündin besitzen, kommt vermutlich irgendwann der Tag, an dem Sie mit ihr züchten möchten. Obwohl das sicher ein verlockender Gedanke ist, hat er auch seine Tücken. Haben Sie auch das nötige Kleingeld übrig, um Ihr Zuchtprogramm in die Tat umzusetzen? Deckgebühren sind nicht ganz billig! Außerdem benötigen Sie einen sicheren und ruhigen Raum, der als Welpenstube dienen kann. Für unvorhergesehene Notfälle wie Tierarztkosten ist ein finanzielles Polster wichtig. Und dann sind da die Welpen, die spezielles Futter und viel Wärme verlangen. Falls Sie berufstätig sind, müssen Sie längeren Urlaub nehmen, denn die Hündin kann kurz vor der Geburt nicht allein gelassen werden und die Welpen ebenfalls nicht, bis sie mindestens sechs Wochen alt sind. Und zu guter Letzt müssen Sie auch noch die passenden Käufer für Ihre Welpen finden!

VORBEREITUNGEN

Wenn Sie nach all den Warnungen noch nicht abgeschreckt sind, rate ich Ihnen, nun beim Züchter, von dem Sie auch Ihren Collie erworben haben, Rat einzuholen.

Vergewissern Sie sich, dass die Hündin nicht übergewichtig ist, regelmäßig entwurmt wurde und zum Zeitpunkt des Deckens kompletten Impfschutz besitzt. Lassen Sie Ihre Augen untersuchen und Hüftgelenke röntgen. Auch der ausgewählte Deckrüde sollte alle erforderlichen Untersuchungen abgelegt haben.

DAS DECKEN

Beobachten Sie Ihre Hündin in der Zeit, zu der voraussichtlich ihre Hitze einsetzen wird, sehr genau, um Tag eins des Hitzezyklus nicht zu verpassen. Die beste Zeit für eine Paarung liegt etwa zwischen dem dreizehnten und fünfzehnten Tag - aber jede Hündin ist anders. Die Hündin akzeptiert den Rüden erst dann, wenn sie paarungsbreit ist - das kann ab dem siebten Tag des Hitzezyklus der Fall sein. Zum Zeichen ihrer Paarungsbereitschaft wird sie die Rute anheben und manchmal regelrecht mit dem Rüden flirten. In diesem Stadium ist es wichtig, dass eine Person die Hündin festhält, während eine andere sich um den Rüden kümmert.

So ist immer schnell jemand zur Hand, falls die Hündin plötzlich beschließt, sich abzuwenden oder hinzusetzen. Manchmal dauert eine Paarung nur wenige Minuten, bereiten Sie sich aber auch darauf vor, dass das Hängen recht lange dauern kann. Hängen bedeutet, dass der Rüde sich nicht von der Hündin lösen kann, bis sich ihre Vulvamuskulatur gelockert hat. Manche Hunde stehen während des Hängens Hinterteil an Hinterteil und können so eine ganze Weile ausharren.

Nach der Paarung könnte Ihre Hündin durchaus Ausschau nach weiteren Deckakten halten. Passen Sie deshalb gut auf sie auf und vermeiden Sie Kontakte mit anderen Hunden, bis ihre Vulva wieder auf normale Größe abgeschwollen und kein Ausfluss mehr vorhanden ist.

Wichtigster Ausrüstungsgegenstand ist eine Wurfkiste für die Welpen.

DIE TRAGENDE HÜNDIN

Es besteht keinerlei Notwendigkeit, die Ernährung oder den gewohnten Tagesablauf der Hündin während der ersten fünf Wochen zu ändern. Danach ist es ratsam, auf besonders hochwertiges, energiereiches Futter zu achten. Vor Jahren war es allgemein gebräuchlich, einer tragenden Hündin spezielle Kalziumpräparate zuzufüttern.

In der letzten Zeit raten aber immer mehr Tierärzte davon ab, da ein zu hoher Kalziumspiegel ursächlich für eine gefährliche Wehenschwäche sein kann. Fragen Sie deshalb immer zuerst Ihren Tierarzt, bevor Sie der Hündin irgendwelche Zusatzfutterpräparate verabreichen.

Ungefähr ab der achten Woche sollten Sie dazu übergehen, statt nur einer oder zwei Mahlzeiten drei kleinere pro Tag zu füttern, so ist es bekömmlicher für die immer runder und schwerer werdende Hündin. Sie sollte bis zur Geburt gemäßigte, aber nicht übertriebene Bewegung haben. Vor allem ist es sehr wichtig, der Hündin schon rechtzeitig den Ort zu zeigen, an dem sie ihre Welpen zur Welt bringen soll und sie während der letzten Woche dort unterzubringen, damit sie sich an die neue Umgebung gewöhnt.

VORBEREITUNGEN ZUR GEBURT

Sie haben schon einige Wochen vor dem Termin eine Wurfkiste vorbereitet und die Hündin rechtzeitig mit ihrer neuen Umgebung vertraut gemacht. Folgende Gegenstände sollten Sie zur Geburt bereitlegen:

- Eine sterile Schere
- Eine große Schüssel warmes Wasser mit Desinfektionsmittel zum Hände waschen
- Falls möglich, eine Arterienzange zum Durchtrennen der Nabelschnur, falls die Hündin sie nicht selbst durchbeißt

- Ein Kalziumpräparat mit Vitamin D-Zusatz
- Kaliumkarbonat (in der Apotheke erhältlich), das bei zu stark blutender Nabelschnur verwendet wird. Mit einem Wattetupfer aufgebracht, stoppt es die Blutung schnell.
- Einweghandschuhe
- Papierhandtücher
- Angewärmte Frotteehandtücher
- Eine Küchenwaage
- Ein mit Wärmflasche oder Wärmkissen ausgestatteter Pappkarton (zum Notfalltransport eines Welpen in die Tierarztpraxis)
- Reichlich Zeitungspapier
- Eine weiche, saubere Unterlagen, am besten Vet-Bed
- Telefonnummer des Tierarztes und ein Auto, das bestimmt anspringt
- ... und jede Menge Kaffee für Sie selbst!

Die so genannten Hosen (die üppige Behaarung an den Hinterläufen) sollten zurückgeschnitten oder -gebunden werden. Die Rute sollte bandagiert werden, da sie sonst während der Geburt immer nasser wird und ein Welpe in dem langen, nassen Haar ersticken könnte.

DER GROSSE TAG

Die normale Tragezeit beträgt 63 Tage, aber eine Erstlingshündin kann durchaus auch schon am 57. Tag werfen. Wenn der Tag X näher rückt, sollten sie zweimal täglich die Körpertemperatur der Hündin messen. Die normale Temperatur beträgt beim Hund 38,3 bis 38,7 Grad Celsius und fällt wenige Stunden vor der Geburt auf bis zu 36,5 Grad ab. Verwenden Sie nur ein intaktes Thermometer, am besten ein modernes Digitalthermometer ohne Quecksilber. Sie müssen es, mit ein wenig Vaseline gleitfähig gemacht, gut bis zur Hälfte in den After einführen. Aber bitte niemals mit Gewalt! Halten Sie das Thermometer während der Messung, die mindestens eine Minute dauern muss, fest. Bei erhöhter Temperatur sollten Sie den Tierarzt konsultieren.

In diesem Stadium verspürt die Hündin starken Harndrang, wird recht aufgeregt und beginnt, in der Wurfkiste zu scharren und zu kratzen. Am besten lässt man sie jetzt alleine, damit sie sich in aller Ruhe »ihr Nest bauen« und sich auf die Geburt vorbereiten kann.

Überprüfen Sie alle halbe Stunde, ob die zweite Phase der Geburt schon begonnen hat, die durch ein Weiterwerden der Schamlippen gekennzeichnet ist. Je näher der Zeitpunkt der Geburt rückt, desto unruhiger wird die Hündin. Sie scharrt intensiv in der Wurfkiste und beginnt stark zu hecheln. Vermutlich verweigert sie nun auch jedes Futter.

Die meisten Colliehündinnen sind sehr gute Mütter.

DIE ZWEITE PHASE

In der nächsten Geburtsphase beginnt die Hündin zu zittern und etwas glasig zu blicken. Der Gebärmutterhals weitet sich und ein wässriger Ausfluss tritt aus. Mit dem Stärkerwerden der Wehen wird die Hündin unruhiger und hechelt noch stärker. Die Hündin strengt sich nun mit jeder Wehe mehr an und unterstützt sie durch Pressen. Der grünliche, wässrige Ausfluss, der nun zum Vorschein kommt, ist vollkommen normal. Die Wehen werden nun immer häufiger und stärker. Als Erstes können Sie die Fruchtblase sehen, die wie ein kleines Hautsäckchen aussieht. Berühren Sie sie noch nicht, denn der darin steckende Welpe wird von der ihn umgebenden Flüssigkeit vor zu starkem Druck von außen geschützt.

Jetzt platzt die Membran und der Welpe erblickt das Tageslicht. Im Normalfall reißt die Hündin die Fruchtblase mit den Zähnen auf, um den Welpen ganz aus seiner Hülle zu befreien. Falls sie das nicht tut, müssen Sie ihr helfen und den Welpen, der über die Nabelschnur noch mit der Plazenta verbunden ist, vorsichtig mit den Fingern bloßlegen.

Die Hündin beißt nun im Normalfall die Nabelschnur durch. Falls sie diese etwas zu kurz gekappt hat und der Ansatz stark blutet, tupfen Sie etwas Kaliumpermanganat darauf.

Wenn die Hündin die Nabelschnur nicht selbst durchtrennt, treten Sie mit der Arterienzange (etwas steriles Garn zum Abbinden tut es auch) in Aktion und schneiden sie etwa 5 cm von der Bauchdecke entfernt ab. Schauen Sie nach, ob die Atemwege des Welpen frei von Flüssigkeit sind und überlassen Sie dann alles andere der Hündin. Die allermeisten Colliehündinnen sind wunderbare Mütter und Probleme sehr selten. Die Nachgeburt wird übrigens in der Regel von der Hündin gefressen - sie ist eine natürlich Proteinquelle. Das einzige Problem ist die leicht abführende Wirkung, die der Genuss von Plazenta mit sich bringt. Falls der Wurf also sehr groß ist, sollten Sie die Hündin nicht alle Nachgeburten fressen lassen.

Notieren Sie jeweils, wie viel Zeit zwischen den Geburten der einzelnen Welpen lag - zwischen fünf Minuten und einer Stunde ist alles möglich. Wiegen Sie jeden Welpen nach der Geburt und notieren Sie Farbe und Abzeichen. Manche Hündinnen gebären sehr schnell, andere benötigen mehrere Stunden. Stellen Sie auf jeden Fall sicher, dass sie es bequem hat und nicht gestört wird. Rufen Sie im Zweifelsfall den Tierarzt an - besonders, wenn trotz starker und lang anhaltender Wehen kein Welpe erscheint, ist schnelle ärztliche Hilfe vonnöten.

NACH DER GEBURT

Waschen Sie die Hinterläufe der Hündin nach der Geburt mit etwas warmem Wasser und trocknen Sie sie gut ab, bevor Sie sie wieder zu den Welpen lassen. Prüfen Sie in der Zwischenzeit aufmerksam die Welpen, ob irgendwelche Missbildungen erkennbar sind. Falls ja, nehmen Sie diese Welpen aus der Kiste, bevor die Hündin zurückkommt. Zählen kann sie nämlich nicht, aber sie bemerkt sehr wohl, wenn Sie in ihrer Anwesenheit einen Welpen wegnehmen.

Räumen Sie jetzt auch alles verschmutzte Zeitungspapier aus der Wurfkiste und ersetzen es durch eine weiche, saubere Unterlage wie zum Beispiel das im Zoofachhandel erhältliche Vet-Bed. Die Welpen müssen nun unbedingt warm, trocken und zugfrei untergebracht sein. Wenn notwendig kann noch eine spezielle Wärmeplatte unter die Einlage in der Wurfkiste gelegt werden, damit es besonders warm und kuschelig wird.

Bei Erstlingshündinnen schießt die Milch nicht immer sofort ein. Sorgen Sie sich nicht, denn die Welpen haben bereits die Kolostralmilch bekommen, die erste Flüssigkeit, die nach der Geburt aus den Zitzen der Hündin austritt. Diese Kolostralmilch ist sehr wichtig für die Welpen, denn sie enthält Antikörper und schützt so die Welpen vor Krankheiten, bis sie alt genug sind, um geimpft zu werden. Deshalb ist es auch so wichtig, dass die Hündin kompletten Impfschutz besitzt, bevor sie gedeckt wird.

Auch nach der Entwöhnung kommen die Welpen noch von Zeit zu Zeit zum Saugen.

DIE SÄUGENDE HÜNDIN

Die meisten Hündinnen bleiben während der ersten Zeit ständig bei ihren Welpen und sind nicht zum Fortgehen zu bewegen. Ich zwinge sie auch nicht dazu sondern warte ab, bis sie sich aus freien Stücken vom Welpenlager entfernen. Geben Sie Acht, dass keine fremden Hunde oder zu viele Besucher in die Kinderstube kommen, da Störungen sich auf die Qualität der Milch auswirken können. Die Hündin benötigt nun erhöhte Gaben von Kalzium und Vitamin D. Lassen Sie sich hinsichtlich der korrekten Dosierung von Ihrem Tierarzt beraten.

Während der ersten Tage sollten Sie, auf vier Mahlzeiten verteilt, leichte, aber energiereiche Nahrung verfüttern. Geben Sie unmittelbar nach der Geburt kein schwer verdauliches Futter! Besser sind gekochtes Hühnchen mit Reis oder Brot. Auch Rührei wird gern gefressen. Machen Sie sich keine Sorgen, wenn Ihre Hündin am ersten Tag nach der Geburt noch nicht frisst - sie ist einfach noch zu sehr mit ihren Welpen beschäftigt! Stellen Sie ihr frische gesäuerte Milch hin, die sie sicher gerne nehmen wird.

Ein ungestörter Verlauf der ersten Tage nach der Geburt ist für Mutter und Welpen besonders wichtig. Kontrollieren Sie mehrmals täglich, ob alles in Ordnung ist und ob alle Welpen trinken. Bei einem sehr großen Wurf können Sie die Hündin etwas entlasten, indem sie einigen der Welpen einen guten Milchersatz (aus Welpenmilchpulver), den Sie beim Tierarzt erhalten, geben. Fragen Sie den Tierarzt um Rat!

Nach und nach werden die Welpen an feste Nahrung gewöhnt.

ENTWÖHNUNG

Ab dem zehnten oder zwölften Tag wird es spaßig - jetzt können Sie die Welpen allmählich mit fester Nahrung bekannt machen. Ich beginne immer damit, etwas gutes Rindfleisch zu pürieren und es den Welpen auf die Fingerkuppe gestrichen vor die Nase zu halten. Sie lecken es mit Begeisterung ab! Diese Prozedur wiederhole ich dreimal täglich, ansonsten bekommen die Welpen mit der Muttermilch alles, was sie brauchen.

Bis sie drei Wochen alt sind, habe ich die Menge rohen Fleisches bis auf einen Esslöffel Fleisch dreimal täglich gesteigert. Ab der vierten Woche mische ich zusätzlich noch Getreideflocken unter, so bekommen die Welpen nicht so leicht Durchfall.

Ab der fünften Woche halte ich mich an nachstehenden Futterplan, wobei die Welpen natürlich zusätzlich noch bei der Mutter saugen.

Frühstück: Getreideflocken mit Milch.
Mittags: Rohes Rinderhackfleisch mit eingeweichtem Hundekuchen oder Futterflocken.
Nachmittags: Wie Mittags - oder Rührei mit Brot.
Abends: Getreideflocken mit Milch.

Sie können auch zu einem guten Komplettfutter wechseln; halten Sie sich dabei aber genau an die Fütterungshinweise auf der Packung!

Ab einem Alter von zwei Wochen können die Welpen erstmals entwurmt werden. Stimmen Sie den Entwurmungsplan unbedingt mit Ihrem Tierarzt ab. Verdacht auf Verwurmung besteht, wenn die Welpen nicht zunehmen oder einen schlechten Gesamteindruck machen.

Das beste Alter, um einen Welpen an seine neuen Besitzer abzugeben, liegt bei acht Wochen. Er ist zu diesem Zeitpunkt nicht mehr so sehr von den Geschwistern abhängig und gewöhnt sich schnell in einem neuen Zuhause ein. Wenn ein Welpe erst im Alter von 12 oder 14 Wochen abgegeben wird, fällt es ihm wesentlich schwerer, sich anzupassen. Oft verweigert er dann für mehrere Tage jede Nahrung, was daran liegt, dass es ihn verwirrt, mit niemandem mehr um das Futter konkurrieren zu müssen und eine ganze Schüssel voller Futter vorgesetzt zu bekommen. Die meisten Collies sind aber, was Fressen angeht, unproblematisch und gewöhnen sich sehr schnell in eine neue Familie ein.

Mit acht Wochen ist der Welpe so weit, dass er in ein neues Zuhause umziehen kann.

7 Gesundheitsfragen

Collies sind sehr gesunde Hunde und werden nur selten krank. Haben Sie trotzdem immer ein Auge auf die Verfassung Ihres Hundes und seine Fressgewohnheiten. Das erste Anzeichen dafür, dass etwas nicht stimmt, ist schlechter Appetit. Allerdings fressen manche Collies selbst dann noch, wenn es ihnen wirklich schlecht geht! Suchen Sie sich einen guten Tierarzt und pflegen Sie den Kontakt zu ihm. Sie können nie wissen, wann Sie ihn brauchen werden!

DIE HAUSAPOTHEKE

Sie sollten ein kleines, für Kinder und Tiere unerreichbares Apothekenschränkchen einrichten, in dem Sie die wichtigsten Hundemedikamente aufbewahren. Überprüfen Sie seinen Inhalt einmal jährlich und sortieren Sie aus, was das Verfallsdatum überschritten hat. Die Grundausstattung sollte Folgendes umfassen:

- Wattepads
- Schere
- Fieberthermometer
- Infrarot-Wärmelampe oder Wärmeplatte
- Pipette zum Einträufeln von Augentropfen
- Einwegspritzen ohne Kanüle zum Eingeben flüssiger Medikamente
- Krallenzange
- Pinzette
- Elastische Binden
- Essigsaure Tonerde
- Destilliertes Wasser oder schwache Kochsalzlösung
- Olivenöl
- Ohrenreiniger
- Vaseline
- Entwurmungsmittel
- Kalzium mit Vitamin D

SO GIBT MAN MEDIKAMENTE

Lesen Sie immer zuerst den Beipackzettel sehr gründlich und aufmerksam, ehe Sie ein Medikament verabreichen. Falls Ihr Hund ein williger Patient ist, können Sie ihm das Präparat mit einem Teelöffel verabreichen, ansonsten behelfen Sie sich (bei flüssigen Medikamenten) mit einer Einwegspritze. Schieben Sie sie seitlich in den Fangwinkel und drücken den Inhalt langsam, aber gleichmäßig heraus. Zum Eingeben von Tabletten öffnen Sie den Fang Ihres Hundes mit Hilfe von Zeigefinger und Daumen einer Hand, während Sie mit der anderen Hand die Tablette so weit wie möglich hinten im Rachen platzieren Schließen Sie dann den Fang und halten ihn einen Moment lang zu, bis der Hund geschluckt hat. Sanftes Streichen der Kehle von oben nach unten hilft dem Hund, die Tablette leichter zu schlucken.

KLEINERE VERLETZUNGEN

Bitte beachten Sie, dass die nachstehenden Behandlungshinweise ausschließlich für kleinere, oberflächliche Verletzungen gelten! Sobald Sie sich nicht ganz sicher sind, was mit Ihrem Collie los ist, ist es immer der bessere Weg, beim Tierarzt anzurufen.

Oberflächliche Schnitte und Abschürfungen: Reinigen Sie die Wunde mit einem milden Antiseptikum. Überprüfen Sie dann, ob eine weitere Behandlung oder ein leichter Verband nötig sind.

Allergien: So wie manche Menschen reagieren auch manche Hunde allergisch auf Insektenstiche oder bestimmte Blütenpollen. Vielleicht stellen Sie auch Quaddeln um die Augen oder sogar am ganzen Körper des Hundes fest, die aussehen, als habe sich Ihr Hund an Brennesseln verbrannt (was tatsächlich auch der Fall sein kann). Oft sind sie aber auch Anzeichen für eine Futtermittel- oder Kontaktallergie (z. B. Fressnäpfe aus Kunststoff). Falls Ihr Hund Atemschwierigkeiten bekommt, müssen Sie ihn sofort dem Tierarzt vorstellen, der ein Antihistaminikum spritzt und so den Kreislauf vor einem Allergieschock bewahrt.

WANN MÜSSEN SIE DEN TIERARZT ANRUFEN?

Grundsätzlich in jedem Notfall. Zögern Sie nie, wenn Ihr Collie einen Unfall hatte oder plötzliche, dramatische Krankheitssymptome zeigt. Auch nicht, wenn es mitten in der Nacht ist - dafür sind Tierärzte da! Bei einer nächtlichen Störung sollten Sie sich allerdings sicher sein, dass es sich auch wirklich um einen Notfall handelt. Halten Sie Stift und Papier bereit, denn oft wird auf dem Anrufbeantworter des Tierarztes eine Notrufnummer angesagt. Vergessen Sie in der Aufregung nicht, deutlich zu sprechen, Ihren Namen, Ihre Telefonnummer und die Symptome, die der Hund zeigt, anzugeben.

WAS IST EIN NOTFALL?

Es gibt Krankheiten oder Verletzungen, die schnell tierärztliche Behandlung erfordern, Einige davon sind:

MAGENDREHUNG: Collies sind nur selten von ihr betroffen. Wenn Ihr Hund aber auffällige Schmerzen bei einem aufgedunsenen Bauch zeigt, müssen Sie so schnell wie möglich den Tierarzt verständigen. Es darf unter keinen Umständen Zeit verloren werden! Wenn Ihr Collie öfter unter Verdauungsstörungen leidet, ist es besser, zwei kleinere Mahlzeiten anstatt einer großen pro Tag zu füttern. Vorbeugend gegen die gefährliche Magendrehung sollte man den Hund sich nicht unmittelbar nach dem Fressen körperlich stark anstrengen lassen.

AUGENVERLETZUNGEN: Decken Sie das verletzte Auge mit einem feuchten Tuch ab und gehen Sie sofort zum Tierarzt. Hindern Sie den Hund daran, sich das verletzte Auge zu reiben oder zu kratzen.

VERGIFTUNGEN: Wenn Sie den Verdacht einer Vergiftung haben, nehmen Sie, wenn irgend möglich, eine Probe der vermutlich aufgenommenen Substanz mit zum Tierarzt, damit dieser die richtige Gegenbehandlung einleiten kann.

RAUFEREIEN: Falls der (im Allgemeinen sehr friedliebende) Collie einmal in eine Rauferei verwickelt werden sollte und verletzt wird, säubern Sie nur die Umgebung der Wunde, sofern es sich nicht um eine sehr große, klaffende oder stark blutende Wunde handelt. Manchmal sehen Wunden aber auch viel dramatischer aus, als sie eigentlich sind. Beim Säubern der Wundränder können Sie das Ausmaß der Verletzung besser feststellen und entscheiden, ob tierärztliche Hilfe vonnöten ist oder nicht.

ANALBEUTELENTZÜNDUNG

Collies sind nicht anfällig für verstopfte Analbeutel, bei Ernährungsfehlern können sie aber durchaus vorkommen. Diese beiden Drüsen sitzen seitlich

neben dem After und werden im Normalfall geleert, wenn der Hund sich löst. Wenn Sie beobachten, dass Ihr Hund sich häufig in der Aftergegend leckt oder mit dem Hinterteil über den Boden rutscht, überprüfen Sie, ob die Analbeutel angeschwollen sind. Wenn die Verstopfung nicht beseitigt wird, können sich Abszesse bilden. Es ist zwar keine schwierige, aber auch keine sehr angenehme Aufgabe, die Analbeutel mit einem Papiertaschentuch auszudrücken. Die Probleme können durch einen ausreichend hohen Rohfasergehalt im Futter in der Regel vermieden werden.

KÜNSTLICHE BEATMUNG

Etwas, das Sie unbedingt lernen sollten, denn man weiß nie, wann sie plötzlich nötig wird. Wenn Ihr Hund, aus welchem Grund auch immer, plötzlich nicht mehr atmet, legen Sie ihn nach Möglichkeit so auf einen Tisch, dass er auf der Seite liegt und der Kopf über die Tischkante herabhängt. Ziehen Sie dann die Zunge aus dem Fang heraus nach vorn. Legen Sie Ihre Hände so hinter dem Schulterblatt auf die Rippen, dass Sie Druck auf den Brustkorb ausüben können. Pressen Sie die Luft aus den Lungen und verringern dann allmählich den Druck Ihrer Hände, sodass die Lunge sich wieder ausdehnen und mit Luft füllen kann. Diesen Vorgang sollten Sie etwa zwölfmal pro Minute wiederholen. Überprüfen Sie die Farbe des Zahnfleisches Ihres Hundes. Im Normalfall schnappt Ihr Collie jetzt nach Luft und setzt sich auf. Versuchen Sie, ihn ruhig zu halten und rufen Sie den Tierarzt an. Eine andere Möglichkeit ist die Mund-zu-Mund-Beatmung, bei der Sie den Fang des Hundes zuhalten und ihn durch ein Taschentuch über die Nase beatmen. Sobald der Hund wieder selbständig atmet, geben Sie ihm ein wenig Brandy auf die Zunge.

ASTHMA

Ja, auch Hunde können unter asthmatischen Anfällen leiden! Die Behandlung ist die gleiche wie in der Humanmedizin - es werden Kortikosteroide verschrieben.

MUNDGERUCH

Mundgeruch kann mehrere Ursachen haben. Überprüfen Sie als Erstes das Gebiss, denn oft sind Zahnstein oder kariöse Zähne schuld. Wenn diese Möglichkeit ausgeschlossen wurde, sollten Sie mit dem Tierarzt sprechen, da Mundgeruch auch ein Anzeichen für eine Fehlfunktion der Leber sein kann.

BLINDHEIT

Collies werden sehr alt und können als Senioren erblinden. Sie haben aber ein so gutes Gehör, dass sie das fehlende Sehvermögen zu einem großen Teil kompensieren können. Solange Sie Ihre Möbel nicht verschieben oder Hindernisse in den Weg stellen, kann ein blinder Hund sich ohne Probleme orientieren. Achten Sie aber darauf, dass ein blinder Hund niemals alleingelassen wird.

VERBRENNUNGEN

Falls Ihr Collie großflächige Verbrennungen erlitten hat, ist schnelle Hilfe von größter Wichtigkeit. Wenn möglich, tauchen Sie Ihren Collie in kaltes Wasser oder überschütten ihn damit, um die Verbrennung zu stoppen, fahren Sie umgehend zum Tierarzt.

COLLIE NOSE (Nasale Dermatitis)

Diese Erkrankung kommt heute eher selten vor. Sie kann durch starke Sonneinstrahlung im Sommer oder stark reflektierenden Schnee im Winter verursacht werden und äußert sich in krustiger, entzündeter Haut auf dem Nasenrücken. Nach Abheilen der akuten Entzündung können hässliche Narben zurückbleiben, da die schwarze Haut rosa wird. Wenn Sie vermuten, dass Ihr Collie allergisch auf ultraviolette Sonnenstrahlen reagiert, schützen Sie seinen Nasenrücken mit einer guten Sonnencreme mit hohem Lichtschutzfaktor.

VERSTOPFUNG

Bei einfacher Verstopfung ist die beste Medizin ein wenig flüssiges Paraffin, das über das Futter gegeben wird. Da es geruchs- und geschmacksneutral ist, wird es problemlos mitgefressen. Kommen weitere Krankheitssymptome hinzu, müssen Sie den Tierarzt verständigen. Achten Sie auf einen hohen Rohfaseranteil des Futters und genügend frisches Trinkwasser.

DURCHFALL

Bei einem unspezifischen Durchfall sollten Sie Ihrem Collie 24 Stunden

lang alles Futter entziehen und ihm häufig kleinere Mengen Wasser anbieten. Nach der Fastenkur sollten Sie ihm einige Tage lang nur leichte Kost wie gekochten Fisch (ohne Gräten!) oder Hühnchen mit Reis anbieten. Bei länger anhaltendem Durchfall muss der Hund zum Tierarzt.

ENTERITIS (Darmentzündung)

Diese Erkrankung ist wesentlich ernster als ein gewöhnlicher Durchfall. Sie schließt Appetitverlust, Erbrechen und sehr starken Durst mit ein. Die Ursache kann in einer Erkältung, aber auch im Verschlingen verdorbenen Futters (z. B. vom Komposthaufen) oder von Fremdkörpern wie beispielsweise Spielzeug liegen. Der Tierarzt verschreibt Antibiotika, Wärme und Ruhe. Geben Sie zunächst kein Futter, dafür aber ausreichend Flüssigkeit. Gehen Sie dann zu einer sehr leichten Diät über, bis der Hund wieder völlig genesen ist.

HAARAUSFALL

Beim Auftreten kahler Stellen im Fell sollte ein Hautgeschabsel abgenommen und vom Tierarzt untersucht werden. Ursache kann eine Futterumstellung, Milbenbefall oder eine Allergie, z. B. auf ein Shampoo oder irgendeinen Stoff in der Umgebung sein.

DER HITZEZYKLUS DER HÜNDIN

Eine Hündin kommt in der Regel einmal, mitunter aber auch zweimal im Jahr in die Hitze, das erste Mal im Alter von etwa sechs bis neun Monaten. Eine so junge Hündin darf aber keinesfalls schon gedeckt werden! Der ideale Zeitpunkt für den ersten Wurf liegt bei etwa achtzehn Monaten.

Die Hitze dauert im Normalfall etwa drei Wochen, wobei die Hündin in der ersten Woche recht stark blutet. In der zweiten Woche schwillt die Vulva an und die Farbe des Ausflusses ändert sich von blutrot zu einem blassen strohgelb. Gegen Ende der zweiten/Anfang der dritten Woche ist die Hündin deckbereit und ist nun überhaupt nicht mehr wählerisch, was Aussehen, Größe, Rasse oder Farbe eines Rüden betrifft. Wenn Sie nicht vorhaben, mit Ihrer Hündin zu züchten, ist eine Kastration empfehlenswert. Warten Sie aber mit dem Eingriff, bis sie die erste Hitze hinter sich hat und körperlich voll entwickelt ist. Der richtige Zeitpunkt liegt entweder bei zwei Monaten nach der Hitze oder in der Mitte zwischen den Hitzen.

PYOMETRA (Gebärmutterentzündung)

Vor allem ältere, nicht kastrierte Hündinnen können von einer eitrigen Gebärmutterentzündung betroffen sein. Symptome sind ein übelriechender Scheidenausfluss (aber auch Fälle ohne Ausfluss kommen vor!), exzessiver Durst, allgemeines Unwohlsein, Unruhe und Fieber. Schnelle Behandlung ist wichtig, da die Erkrankung tödlich verlaufen kann. Meist ist eine Operation mit Totalentfernung der Gebärmutter notwendig.

SCHEINTRÄCHTIGKEIT

Diese auch Phantomträchtigkeit genannte Erscheinung hat ihre Ursache in einem durcheinandergeratenen Hormonhaushalt, nicht in übermäßigem Mutterinstinkt, wie manchmal vermutet wird. Bei manchen Hündinnen kommt es sogar zur Milchproduktion. Oft ist es ratsam, die Hündin kastrieren zu lassen.

MASTITIS

Dies ist eine schmerzhafte, manchmal abszessbildende Entzündung des Gesäuges bei Hündinnen, die während oder nach einer Trächtigkeit auftreten kann. Erste Anzeichen sind Verhärtungen rund um die Zitze. Bei einer säugenden Hündin werden Sie feststellen, dass die Welpen die betroffene Zitze meiden. Sicherheitshalber sollten sie aber weggenommen und mit der Flasche aufgezogen werden, da die Welpen durch das Trinken infizierter Milch erkranken können. Ursache ist eine bakterielle Infektion der säugenden Hündin über die Milchdrüsen, manchmal aber auch ein Milchstau, wie er nach Totgeburten oder sehr kleinen Würfen auftritt. Eine Antibiotikabehandlung ist notwendig. Sie können die Behandlung unterstützen, indem Sie sehr vorsichtig etwas Milch »abmelken« und die entzündeten Stellen mit feuchtwarmen Umschlägen bedecken.

DER COLLIERÜDE

Der Rüde leidet zwar unter keinem der oben angesprochenen Probleme, aber es ist ratsam, seinen Penis regelmäßig zu untersuchen. Zwischen Vorhaut und Penis geratener Schmutz kann Infektionen verursachen! Wenn Ihr Rüde sich intensiv dort leckt, sollten Sie etwas genauer hinschauen. Manchmal irritiert auch nur ein Haar.

KASTRATION

Ob Sie Ihren Rüden kastrieren lassen, ist eine Entscheidung, die Sie für sich selbst treffen müssen. Wenn Sie ihn nicht zur Zucht verwenden möchten, ist die Kastration eine gute Lösung, denn sie vermindert die Neigung zum Umherstreunen. Sein Wesen wird jedoch in keiner Art und Weise verändert. Lediglich mit der Fütterung müssen Sie etwas aufpassen, denn kastrierte Rüden neigen gern zum Fettansatz. Wenn Ihr Rüde einmal decken durfte, wird er fortan ständig Ausschau nach paarungsbereiten Hündinnen halten. Falls er nicht ein Spitzen-Ausstellungssieger ist, ist es deshalb eher unfair, ihn in den Deckeinsatz zu bringen.

ERBLICHE KRANKHEITEN

Bisher hat es nur wenige Collies mit Hüftgelenksdysplasie (HD) gegeben und die Rasse ist im Großen und Ganzen von dieser schmerzhaften Erkrankung verschont. Der Genpool der Rasse ist groß genug, so dass es recht einfach ist, ein möglicherweise auftretendes Problem innerhalb weniger Generationen herauszuzüchten.

Weniger Glück hat die Rasse allerdings mit den Augen - die meisten Collies tragen ein rezessives Gen für die so genannte Collieaugenanomalie (CEA). Dieser angeborene Augendefekt zeigt sich in mehr oder weniger deutlichen Veränderungen des betroffenen Auges. CEA kann sehr ernsthaft verlaufen, ja sogar zur Erblindung führen, sehr oft sind die Beeinträchtigungen aber so gering, dass sie weder vom Hund selbst noch vom Halter bemerkt werden. Die meisten seriösen Züchter sind in dieser Hinsicht sehr vorsichtig und setzen nur Collies zur Zucht ein, bei denen ein Vorhandensein von CEA ausgeschlossen wurde. Vergewissern Sie sich deshalb vor dem Kauf eines Welpen oder einer Zuchthündin oder der Auswahl eines Deckrüden immer, ob der Hund von einem Augenspezialisten untersucht und als CEA-frei bestätigt wurde. Leichte CEA beeinträchtigt einen Collie im Alltagsleben nicht, selbst ein stärkerer Befund erlaubt es dem Hund noch, ein erfülltes Leben als Familienhund zu leben. Eine Erblindung aufgrund von CEA ist sehr selten und kommt nur bei einer Ablösung der Retina (Netzhaut des Auges) vor.

PARASITEN

Innerhalb des Körpers lebende Schmarotzer werden als Endoparasiten bezeichnet.

Eine Art, von der Hunde befallen werden, ist der *Spulwurm* (Toxocara Canis), ein langer, dünner, sich an den Enden verjüngender Wurm. Wenn eine Hündin trächtig wird, wandern seine Larven aus dem Körper in die Gebärmutter und befallen die Embryos - aus diesem Grund haben alle ungeborenen Welpen Spulwürmer. Wenn Sie mit Ihrer Hündin züchten wollen, muss sie deshalb vor dem Decktermin entwurmt werden, sonst sind die Welpen innerhalb weniger Wochen völlig verwurmt. Sie zeigen dann Durchfall, stumpfes, struppiges Fell, aufgedunsene Bäuche und fühlen sich sichtlich unwohl. Beim Tierarzt erhalten Sie ein leichtes Entwurmungsmittel, das schon zwei Tage alten Welpen gegeben werden kann und bei richtiger Dosierung keine Nebenwirkungen zeigt. Starker Wurmbefall kann bei Welpen große Schäden anrichten und sogar zum Tod führen!

Bandwürmer: Bei einem sauber und flohfrei gehaltenen Collie werden Sie niemals einen Bandwurm finden, denn dieser Parasit wird vom Floh als Zwischenwirt übertragen. Der Allgemeinzustand eines vom Bandwurm befallenen Collies wird sich schnell verschlechtern. Bandwürmer sind leicht

auszumachen - im Kot des Hundes sind seine weißen Glieder zu finden. Der Wurm besteht aus zwei Teilen, dem Kopf und dem in mehrere Glieder unterteilten Körper. Diese wie Reiskörner aussehenden Bandwurmglieder werden immer wieder abgestoßen und landen dann im Kot, manchmal kleben sie aber auch an der Unterseite der Rutenbehaarung oder am After. Ein Bandwurm kann bis zu 45 cm lang werden und bricht, wenn er nicht behandelt wird, so auseinander, dass die Glieder zwar irgendwann abgestoßen werden, der stecknadelkopfgroße Kopf aber im Darm verbleibt und dort Beschwerden verursacht.

Bandwürmer durchlaufen verschiedene Entwicklungsstadien und werden von Flöhen übertragen. Die Bandwurmeier gelangen mit den abgestoßenen Gliedern ins Freie, wo sie von Flohlarven aufgenommen werden. In der Flohlarve reift das Bandwurmei zur so genannten Finne, einem kleinen, blasenähnlichen Gebilde, das den Kopf des späteren Bandwurmes beinhaltet. Wenn der Hund einen ihn quälenden Floh zerbeißt, gelangt die Finne wieder in den Darm und der Kreislauf beginnt von vorn.

Ein Floh legt im Laufe seines Lebens über fünfhundert, ein Bandwurm sogar mehrere tausend Eier. Das klingt dramatischer, als es ist, denn sowohl Floh als auch Bandwurm sind relativ einfach zu bekämpfen. Entwurmen Sie den Hund regelmäßig und behandeln Sie seine Aufenthaltsorte, insbesondere den Schlafplatz, mit Antiflohspray. Flohhalsbänder eignen sich nicht gut für Collies, zumindet nicht für Langhaarcollies, da die dichte Halskrause stört. Auch für den Hund selbst gibt es Antiflohspray oder -shampoo.

Der *Herzwurm* kommt in Deutschland oder England so gut wie gar nicht, in anderen Ländern, vor allem in den USA, aber häufiger vor. Beim Import eines Hundes aus einem betroffenen Gebiet muss einige Monate lang ein spezielles Entwurmungsmittel gegeben werden, um eine Infektion auszuschließen. Die Larve dieses Parasiten wird durch Moskitostiche übertragen und reift in bis zu sechs Monaten im Herz zu einem Wurm heran.

Glückliche und gesunde Collies sind wunderbare Gefährten!

Hakenwürmer beißen sich innen an der Darmwand fest, wo sie Blut saugen und bei starkem Befall Blutarmut und Appetitverlust beim Hund bewirken.

HOMÖOPATHIE

Diese Form der alternativen Behandlung wird immer beliebter, sollte aber vom Nicht-Fachmann nur bei kleineren Gesundheitsproblemen angewendet werden. Hier einige Anwendungsmöglichkeiten:

- Aconitum bei Reisekrankheit
- Apis Mel. bei Insektenstichen
- Argentum Nitricum bei Koliken und Blähungen
- Arnica bei Quetschungen und Verrenkungen
- Arsenicum bei Appetitverlust
- Belladonna bei Hitzschlag
- Calc. Fluor. gegen Inkontinenz bei älteren Hündinnen
- Carbo Vegetabilis bei Mundgeruch
- Euphrasia bei Nesselfieber
- Gelsemium bei Nervosität vor Ausstellungen
- Phosphorus bei durch plötzliche Geräusche wie Feuerwerk oder Donner verursacher Angst
- Thuja gegen warzenartige Hautwucherungen

Sprechen Sie aber, bevor Sie eines dieser Medikamente anwenden, unbedingt mit einem homöopathisch behandelnden Tierarzt oder einem qualifizierten Tierheilpraktiker, um sich eingehend beraten zu lassen. Auch mit homöopathischer Medizin kann man einiges falsch machen!